# 子どもの「やる気」のコーチング

“自分から学習する子”に変わる方法

菅原裕子

PHP文庫

○本表紙図柄＝ロゼッタ・ストーン（大英博物館蔵）
○本表紙デザイン＋紋章＝上田晃郷

# はじめに

教育がまた、大きく変わろうとしています。

知識詰め込み式教育の反省のもとに導入された〝ゆとり教育〟でしたが、近年、子どもたちの学力が低下しているとの判断のもと、再度、その路線からの脱却が図《はか》られています。子どもの教育は、長い将来にわたって、国や社会の力、人々の幸せに大きな影響を与える重要な要素です。それが国の方針によってさまざまな変化を遂《と》げるのです。

しかしそうした中でもっとも影響を受けるのは、子どもたちです。そこで私たち親は、子どもによりよいものを提供したいと情報を集めるのですが、結果として溢《あふ》れかえる情報に振り回されているのが現状です。「親のリテラシー」が今ほど大切なときはないのかもしれません。その親たちに、人育ての基本を紹介したのが、拙著『子どもの心のコーチング』（PHP文庫）です。

情報に振り回されるのではなく、親として自分の子どもに「これだけ」は教えておこうとする、「これ」とは何であるかを紹介しました。それはひと言でいうと、愛し、余計な手出しをせず、人の役に立つ喜びを知った子どもを育てましょうという提案です。昔からある、そしてこの先も変わらない子育ての考え方と方法だと私は考えます。

愛された子どもは、自分を肯定することができます。自分を肯定できる人は、人も大事にすることができます。これは、生きる基本であるといえます。余計な手出しをされなかった子どもは、自分で考え行動し、その結果を自分で受け取ることになります。親の手伝いをして育った子どもは、人の役に立つ喜びを知り、働くことの意義を学びます。

悪いことをすれば叱《しか》られるということを、子どもは学ばなければなりません。叱られたり説教をされたりして痛い目に遭《あ》えば、子どもは次からはやり方を変えます。「なぜやってはいけないか？」を本当に理解するのは、より大きくなってからでしょう。理屈以前に、子どもは身体《からだ》で覚えます。

私が主宰する「ハートフルコミュニケーション」の考え方を伝えるワークショップや講演では、子どもの学習について、多くのご質問をいただきます。

「勉強しなさい」と言わないと子どもは勉強しない。ところが、その会話で親子の間にバトルが起こり、いつもイヤな思いをするという声がとても多いのです。

「なぜ悪いことをしてはいけないのか」というのと同じように、「なぜ勉強しなくてはならないのか」も、子どもが大きくならないとわからないことかもしれません。

しかし、私たち大人にはよくわかります。大人になって、「勉強をしておけばよかった」と思う人はたくさんいます。人生の可能性の幅が、選択肢の数が、努力した人とそうでない人では、圧倒的に違うからです。でも、幼い子どもたちにはまだそれはわかりません。「なぜ勉強しなくてはならないか」を理解できるようになる前に学習を習慣化することも親の務めのひとつです。本書では家庭学習のシーンを例に、子どもの「やる気」を育《はぐく》む方法についても紹介しています。

本書が、変化する教育環境の中でも決してブレることなく、「しっかりと子育てしたい」と思う多くの親の助けになることを願います。

菅原裕子

# 子どもの「やる気」のコーチング　目次

## 序章

# 子どものやる気と親のあり方

第3章

## 子どものやる気を引き出すコミュニケーション

# 第4章 子どものやる気を引き出す習慣づけ

# 序章

# 子どものやる気と親のあり方

◎セルフコーチングのススメ◎

本書では、子どもがやる気を起こして、彼らの能力を伸ばす親のあり方とやり方、環境のつくり方について考えていきます。そのために必要なのが、私たち親のコーチ力です。コーチとなって、子どものやる気を引き出すためには、親自身が、自らを顧《かえり》みることが重要です。

そこで、本書では、親のコーチ力を伸ばすために、「コーチング」あるいは「セルフコーチング」のワークをところどころに設けています。

紙を一枚用意してください。そして、質問に沿ってあなたの考え、あなたの行動、あなたの気持ちなどを素直に書いてみてください。または、子どもをコーチングしたときのことを記入してください。

自分と子どもに関して新たな発見をすることでしょう。立ち止まり、自分を振り返るとき、きっと自分の新たな面を発見し、子どもだけでなく、自分自身のやる気を高めることもできると思います。

子どものコーチになって、子どものやる気を引き出そうとするときに大切なことは、親であるあなたが活き活きと人生を楽しんでいることなのです。

セルフコーチング1

# 子どもへの期待

## あなたはお子さんに何を期待しますか？

子どもに期待することを具体的に書き出してみてください。
ひとつ書いては「本当にそれだけ？」と自分に聞いてみるといいかもしれません。
二〇でも三〇でも、思いつくかぎりたくさん書き出してください。

（例）何かひとつ、人には真似のできない得意なことを極《きわ》めるために、サッカーを続けてほしい
平均以上の成績をキープしていてほしい
弟や妹に対してやさしく接してほしい
いつも元気でいてほしい

記入が終わったらリストを眺《なが》めて、気づいたことを記入してください。

書き終わったら、もう一度そのリストを眺めてみてください。

実は、私たち親は無意識のうちに、子どもにさまざまな期待を押しつけていることがあります。その期待が不必要に子どもにストレスを与え、親の意思とは裏腹に子どものやる気を殺《そ》いでしまうケースがあります。そうならないためにも、まずは、子どもへの期待に気づくところから始めましょう。そして、それが親の勝手な期待であることを心に留《と》めることです。

また、今は書いていないことでも、日常の自分の行動の中から、子どもに無意識に期待していることを発見する場合があります。気づいたらそれも記入してください。

## ◎親は子に何を求めるのか？

「うちの子はどうもやる気がなくて……」

多くの親がこう嘆きます。どうすれば、子どものやる気を引き出すことができるのか……、これは私たち親にとっての永遠の課題です。

「やる気はあるのですが、それが遊ぶことばかりに向いていて、ちっとも勉強に身が入りません」と嘆《なげ》く親もいます。これなどは、子どものやる気が向かっている先と、親がやってほしいことが異なっているケースです。遊ぶことに意欲的になれるのですから、やる気がないわけではなく、勉強に興味が持てないだけです。では、どうすればゲームやテレビ、遊びだけでなく、勉強やスポーツ、習い事にも興味を持って意欲的に向かわせることができるのでしょうか。

何のためのやる気か？　私たちは何のために子どもにやる気を出してほしいと思うのでしょうか。若者や子どもたちの問題に接するとき、私たちは、この子はどんなふうに育ったのだろうと、育ちや彼らを取り巻く人間関係に目を向けがちになります。ところがそこには、その個人がどう育ったか以上に、何か社会的なゆがみが見えてきます。

今、子育てをしている人たちが育ったのは、経済的な成長を最優先する時代でした。目標を目指して合理的なやり方を追求し、効率よく仕事を進め、生産量を増やすことがもっとも大切な時代でした。合理性や効率とは必ずしも一致しないのが子育てですが、子どもたちがその影響を受けないはずはありません。受容と寛容さの中で営《いとな》まれるはずの子育ての中に、時代の価値観が侵入してきます。その中で育った子どもたちが親になり、自分たちがくぐり抜けてきた競争社会の恐ろしさを無意識に刻みつけて次世代の子育てをしています。それは、より優秀であること、他より優《すぐ》れていることを求める子育てです。

「やればできる」といった言葉に象徴される生き方は、一見、大変前向きです。目標に向かって人生の生産性を上げて、素晴らしいものを手に入れていく生き方に、多くの人が憧《あこが》れます。親自身がそんな生き方に憧れ、日々がんばって、欲しいものを手に入れる人生は、親自身の選択としてありえます。

ところが親が、子どもにもそれを求めるとしたらどうでしょう。何とか子どもをその流れに乗せようと、あるいは遅れを取ることを恐れ、周りの雰囲気に押されて、「がんばれ、がんばれ」とやる気を求め、さまざまな活動に子どもを駆《か》り立てるとしたら。それは本当に子どもにとっていいことなのでしょうか。

**◎競争の危うさ**

ある取材での出来事です。子育て雑誌が親たちを対象にアンケートを取り、子どもの心のひ弱さについての、親の考えをまとめたものを見せてくれました。親が思う子どもの心のひ弱さは、いろいろな言葉で表されています。

「すぐあきらめる」

「がまんができない」

「本番に弱い」
「すぐ落ち込む」
「競争心がない」

競争心？　私は違和感を覚えました。たしかに、今、子どもたちが生きているのは競争社会です。でも、それは子ども同士の健全な競争というより、親や社会が意識的・無意識的に子どもに求める生き方です。

この競争社会において、子どもたちは自分の存在そのものを、「よきもの」として評価されるのではなく、他と比べてどうかで評価され、また自己評価するよう教えられてきました。その子自身がどうかではなく、他との比較で勝っていればよし、負けていれば認められない。競争とはそうしたものです。疑問は、他との競争が本当に子どもたちを幸せにするかということです。

競争は私たちに多くのものをもたらしました。科学技術も、企業の製品開発においても、競争する相手がいるから、目覚ましい発展を遂《と》げてきたのです。

アスリートたちにとっても、競技をする上では重要な要素です。戦う相手、自分より強い者がいるから、彼らはより自分を高めようとするのです。目指すものや超えるべきものがあるから、彼らは強くなるのです。

子どもたちも同じです。それが、自発的に起きる健全な競争心なら、子どもたちは切磋琢磨《せっさたくま》しながら成長するでしょう。ところが、それが親の無意識に潜《ひそ》む、親自身が駆り立てられている競争心によるものだとしたら。親が子どもを、自分の自己実現に利用しているとしたら。

子どもであろうと大人であろうと、常に他の誰かとの比較で自分の価値を決める競争の中で生きるのは、心穏《おだ》やかなものではありません。

## ◎やる気が必要な時代

現代は、自分の生き方を自分で選ぶ時代です。自分はどういう人生を生きるか、どんな人間になり、何をして生きていきたいかを自分で考え、選び、決定していかなければなりません。その意味では、歴史の中のどの時代にも増して、やる気を発揮しなければならない時代に生きていると言えるかもしれません。自分で生き方を選ぶというのは、まさにその人の中にある「生きる力」そのものが求められる場面であり、やる気が表れる場面です。

ところが、自分で考え、自分で選ぶ基礎力や姿勢を身につけないまま育った子どもは、大きくなってもその力を発揮することができません。幼い頃に遊びに夢中になったその力を、学童期にどう学習やスポーツなどの習得に向けさせるか。その力は将来、子どもが大人になって、自立して生きていく上にも大変重要なものなのです。これからの社会の変化を考えると、子どもたちはますます生きることへのやる気が求められるように思います。ところが、最近の子どもたちの様子は、必ずしもやる気に溢《あふ》れているとは言えないようです。

ある小学校の先生と話をしていたとき、彼が言った言葉が印象的でした。最近子どもたちからよく「面倒くさい」とか「だるい」という言葉を聞く。

そして何かを選ばせようとしても、「どれでもいい」という具合に、どうもやる気のない子どもが目立つ。子どもたちが何かに疲れているようだと彼は言いました。

私自身も、子どもの無気力、そしてその反動でしょうか、暴力に関する相談を受けることが増えています。聞くと多くの場合、受験による過剰《かじょう》なストレスや親の過剰な期待による重圧、そして、親の無理解によって疲れ果てた子どもたちがいるのです。

こうした問題の根っこは、子ども自身ではなく、社会の風潮《ふうちょう》や、親の生活や考え方、親や周りの大人の接し方にあるのだと思います。

本書では、子どものやる気について考えるまえに、まず一番基本となる私たち親が、子どもにどんな影響を与えているかという観点から、話を進めていきたいと思います。

## ◎自然を信じてみませんか？

私たち親は、子どもに大変多くのものを期待します。学校に行くようになると、もっと優秀であること、人よりもよくできること、早くやること、うまくやることを求めます。ところが、親の思い通りにならないと子どもに文句を言い始めます。生まれてきたばかりの頃は、とにかく元気でいてくれるほかには、何も望むことはないと思っていたのに……。

私の母がその昔、人間という、自然がつくったものの素晴らしさに感嘆して言ったことがあります。「材料をもらって、つくれと言われても、私にはこんなによくできた完璧《かんぺき》で素晴らしいものはつくれない」。つくづくその通りだと思います。

私たち人間はよくできています。ただ生まれるだけでなく、身体も心も成長し、発達して自然にあるべき姿へと変化していきます。そのプロセスの一つひとつにはムダがありません。親が苦労する一つひとつの出来事も、すべては素晴らしい発達の一過程なのです。

あんなに愛想《あいそ》のよかった赤ちゃんが、突然、母親以外の者を受けつけなくなります。人見知りです。「トイレにさえ行けない」と嘆くお母さんがいます。ところがこれは素晴らしい成長の一プロセスです。正確な判断力を身につけ始めている証拠です。絶対安全な人のもとで心を通わせることを学んでいるのです。

たとえば思春期、素直だった子どもが、突然「お母さんなんか嫌い」と、親の批判をし始めます。あんなにいろいろなことを話してくれたのに、心を閉ざしたかのように何も話さなくなります。これも素晴らしい成長です。親からの自立を図《はか》り、一人の人間として生きていく準備を始めたのです。親を批判しては生きていけなかった弱い存在が、堂々と親を乗り越え始めたのです。

私たちはもっと自然を信じてもよいのではないでしょうか。自然がつくった子どもとその成長を、もっとおおらかな気持ちで見守るのです。その自然な成長に寄り添いながら、子どもの邪魔をすることなく、子どもがその可能性を広げることのできる環境をつくることこそが、親の仕事です。

その子の生まれ持った才能の中に、よりよくできる要素が備わっているのなら、それを引き出す仕組みを考えるのが親の仕事です。それは「もっと！」「早く！」と、子どもを急《せ》き立てることではありません。不自然な競争に追い立てたり、高すぎる理想を押しつけたりしても、子どもは親の望むようにはなりません。それどころか、反対に、子どもの中に自然に育つ「生きる力」や「やる気」を損《そこ》ねてしまいます。

一人の人間を育て上げる途中には、いろいろなことがありますが、私たち親は、自然がつくった子どもを信じて、彼らが自分の選んだ道で幸せに生きていくであろうことを、信じてもよいのではないでしょうか。

**◎親という環境**

人のやる気は、もともと持って生まれた性格か、それともその子どもが育つ環境によるものかが、よく問われます。ある性格の子は、いかにもやる気満々に見えますし、別の性格の子はまったくやる気がないようにも見えます。乳幼児期から物静かで、親としては子育てが楽だったという子と、やる気とエネルギーに溢れ、追っかけるのが大変だったという子もいるでしょう。生まれ持った気質の違いは、とても大きいと思います。

ただし、持って生まれた性格だからと言ってしまっては、私たちは子どものやる気を育《はぐく》むことはできません。それぞれの気質をよく理解し、それぞれに合ったやり方を学ぶことが大切です。そういう意味において、性格という持ち味を最大限に引き出す環境が、非常に重要であると言えるでしょう。子どもの持って生まれた気質に関しては、第5章で詳《くわ》しく取り上げるとして、まずは子どもが育つ環境のほうに目を向けてみましょう。

私たち親が、子どものやる気を育てようとすると、先にも述べたように、自然を信じ、自然のつくった人間の力を信じ、子どもが持っている可能性を開花させるように心がけることが大切です。それは、子どもがやる気を起こす環境を整えることと、仕組みを取り入れることです。

ところで、人を育てるときは、「そもそも人間をどう見るか」という、育てる人の人間観が、そのプロセスや結果に大きな影響を与えます。その人間観は大きく二つに分かれます。

ひとつは「人間は本来怠《なま》け者だから、管理し、コントロールしないと自ら努力はしない」といういわば性悪説。もうひとつは「人間は本来勤勉だから、環境が整えば自ら自分のやりたいことに向かって行動を起こす」という性善説です。

性悪説を信じる人は、相手をコントロールし、自分の思い通りに動くように支配しようとします。そうなると、育てられる側の持つ本来の力や、そのよさは発揮されにくくなります。

性善説を信じる人は、相手が自ら動き出すように環境を整えようとします。相手が興味を持つような見せ方をしたり、やる気を起こしやすい言葉がけをしたり。つまり、相手が育ちやすい仕組みを考えるのです。

性悪説を信じる親のもとで育つ子の環境は支配的です。常に、親にコントロールされながら育つことになります。性善説を信じる親のもとで育つ子は、開放的な環境で生きることができます。それは何でもありということではなく、絶対的な善悪を学んだり、幸せに自立するための習慣を身につけたりするための仕組みの中で、子どもは活き活きと成長することができるのです。

本書では、性善説に基づき、子どものやる気に沿って、子どもを自立させるその方法を学びたいと思います。親が、子どものためにどんな環境をつくるかが重要ではありますが、同時に親自身がすでに環境であるという見方もあります。子どものために何をするか以前に、**親がどんな生活観を持ち、どんな生き方をしているかが、子どもに大きな影響を与える**ということです。

あなたは、生活を前向きに楽しんでいますか？　幸せと感じることが多いですか？　難しい状況の中でも、やる気を失わずに事に当たっていますか？　おそらく、子どもに対してもっとも影響力を発揮するのは、その親の姿ではないでしょうか。本書を通して、子どもだけではなく、親自身のやる気と幸せも考えていきたいと思います。

※ここまで読み終わった後で、最初のセルフコーチング1をもう一度やってみてください。
気づきに変化が見られましたか？

# 第1章

# やる気とは何か？

セルフコーチング2

# 自己肯定感

**あなたは自分のどこが好きですか？**

正直に、自分のよいところを五つ、自分のよくないと思うところを五つずつ挙げてみてください。

（例）

【よいところ】
よく働く
向上心がある
勇気がある
人の幸せを喜べる
忠実

【よくないところ】
厳しさが足りない
考えが浅い
人の目を気にする
軽率に行動してしまう
判断が甘い

そして、記入した一つひとつについて、次の文章にあてはめ、声に出して何度も言いながら、その体験を確かめてください。機械的に言うのではなく、その気持ちを確かめながら言ってみてください。

（例）「『よく働く』私が好き」
「『向上心がある』私が好き」
「『厳しさが足りないことがある』私が好き」
「『考えが浅いことがある』私が好き」

充分時間をとって、一つひとつの言葉を言っているときに何が起こるかを体験してください。そして、この体験から感じたこと、気づいたことを書いてください。

よいところも、よくないところも私です。よくないと思うところも自分の一部として引き受け、そんな自分が好きだと思えるとき、私たちは自己肯定しています。その自己肯定がやる気を生み出します。

子どもに対しても同じです。よいも悪いもすべてひっくるめて、そのままのこの子が好きだと思えるとき、私たちは子どもの自己肯定感を育てることができます。

あるがままをひっくるめて愛された子どもは、やる気になるのです。

## ◎やる気はどこから来るか

人のやる気はどこから来るのでしょう？　スポーツで何かを極《きわ》めた人は、長期にわたってそのやる気を維持しています。メジャーリーガーのイチロー選手も、ゴルフの石川遼《りょう》プロも、彼らが小学生のときに書いた作文というのがあるようです。それによると彼らは幼い頃から日々の練習に熱心で、将来の夢をはっきりと描いています。彼らのやる気はどこから来るのでしょう。

仕事で山下泰裕《やすひろ》さんとお会いしました。一九八四年のロサンゼルスオリンピック柔道無差別級のゴールドメダリストです。現在は、東海大学副学長として、またＮＰＯ法人柔道教育ソリダリティーにおいて、柔道の交流を通して世界に日本の心を伝える活動を展開しておられます。

彼が柔道を始めたきっかけはお母さんだったそうです。小さい頃、暴れん坊だった彼は、周りに大変な迷惑をかけていたとおっしゃいます。彼の乱暴が怖《こわ》くて学校に来られない子どももいたそうです。「柔道でもやらせたら人に迷惑をかけなくなるのでは」というお母さんの配慮から、彼は柔道に出会います。道場では彼は思いっきり暴れることができ、どんどん強くなっていきました。小学生時代の彼は、とても生意気な子どもでしたが、柔道だけは好きだった、柔道だけは強くなりたいと思っていたそうです。小さな暴れん坊から、世界トップの柔道家へ。そのやる気を支えたのは好きだという気持ちと、強くなれるという有能感だったようです。

実は山下さんも、中学生の頃に作文を書いているそうです。それには、大きくなったら柔道でオリンピックに出場し、現役を引退したら柔道を通して世界の人の役に立つことをしたいと書いていたそうです。彼はまさに、その通りに人生を歩んでいます。

人によってやる気の出所はさまざまです。好きだからやる気を起こすケース。山下さんのケースはこれです。彼のやる気は自分の内から湧《わ》いてきたもの、内発的なやる気です。

世界的に有名なピアニスト、フジ子・ヘミングさんは著書の中で、子ども時代のピアノの練習について、こう語っています。

「小さい頃は、イヤイヤピアノを弾く毎日だった」

ピアノの先生は、彼女のお母さんでした。お母さんは大変厳しく、間違えると激しく怒鳴られるようなレッスンを、一回二時間、一日に二、三回も受けたそうです。それでも彼女がレッスンに励んだのは、お母さんからの圧力があったからでしょう。これは外発的な動機づけです。本人が自分の興味でやる気を出すのではなく、それ以外の理由で取り組むケースです。

「でも、続けていたら面白くなってきたわ」

彼女は激しいレッスンの中、次第に本来の才能を開花させます。やらされるという外発的な理由からいイヤイヤ弾いていたピアノが、彼女が本来持つものを刺激し、次第に内発的なやる気へと変化した例です。

## ◎内発的やる気・外発的動機づけ

子どもたちのやる気も、内発的なものと外発的なものに区別することができます。たとえば歴史が好きな子どもは、人に言われなくても本を読み、授業とは関係のないことも自分で調べて、その知識を増やします。内発的なやる気によるもので、楽しいからやるのです。

あるお母さんが自分の息子のことをこう話してくれました。「息子はポケモンのことなら何でも知っています。その記憶力は天才じゃないかと思うくらい」。ところが、その力がポケモン以外のものに向くことはないとお母さんは嘆《なげ》きます。ポケモンが面白いのです。好きだから、面白いから彼は集中し、すごい勢いで情報を吸収するのです。

ところが、同じその子どもが算数が苦手だとしたら、きっと自分から進んで問題に取り組もうとはしないでしょう。でもやらないと親に叱《しか》られるから、仕方なくやります。がんばって点数が上がると、読みたい本を買ってもらえるからという理由で取り組むかもしれません。それは、外発的な動機づけによるもので、目的は算数そのものではなく、叱られないことや欲しい本を買ってもらうことです。

私が小学校六年生の頃、算数、国語、理科、社会の四科目は毎週二〜三枚のプリントが配られました。月曜日に配られるプリントを、翌月曜日までに終えて、月曜日の朝、ノートを提出しなければなりません。しかも担任は、問題をノートにきれいに書き写すという、なんとも面倒なことを要求しました。問題を書き写すだけでも時間がかかります。担任にしてみれば一石二鳥。字を書く練習もさせようということです。毎日泣くような思いで机に向かいました。私がそれでもプリントをやったのは、やらないでいるときのプレッシャーや、気持ちの悪さから逃《のが》れるためでした。やらずにいるときの圧迫感は辛《つら》いものです。これも外発的な動機づけです。

内発的なやる気と外発的な動機づけでは、どちらがよりよいのでしょう。もちろん、自分が自らやる気を出すほうが自然です。興味を持って、やりたいからやる。そのほうが、長続きする可能性は高いでしょう。言われてやるのではなく、自分が面白いからやっているのですから。

ただ、私たち大人が生きる日常生活を振り返っても、すべてが内発的なやる気によって起こっているわけではありません。朝、起きたくない日も、食事の準備をしたくない日もあります。会社へ行きたくない日もあります。それでも私たちは、生活のため、自分のやるべきことや、約束を果たすために一日を始めます。日常生活には外発的な動機づけが大切な場面もたくさんあります。

子どもも同じです。嫌いな教科を勉強すること。部屋を片づけること。ゲームを三十分で終えること。やりたくないことはたくさんありますが、やりたくなくてもやらなければなりません。

そしてまた、外発的な動機づけながら、やっているうちに楽しくなって好きになる場合もあります。イヤイヤでもやっているうちに習慣化し、やらないと一日が終わらない、やらないと落ち着かないのです。私のプリントへの取り組みも、半年もすると、びっしりノートに書き込まれた自分の字を見て、なんとなくうっとりすることもありました。終わったときの充実感を体験するようになると、その充実感を味わいたいがためにコツコツと取り組んだものです。

私たち親の仕事は、子どもがより自発的にやる気を起こすよう環境を整えること。そのひとつが、子どもが好きなことと出会えるようなきっかけづくりです。柔道の山下さんのお母さんは、子どもをただの乱暴者で終わらせず、そのエネルギーを柔道につなげるきっかけをつくりました。子どもの興味が向く先を見つける努力です。そしてもうひとつは、外発的に起こしたやる気を子どもの中に内在化して、子どもが何かを成《な》し遂《と》げるような仕組みをつくることです。つまり、身につけたほうがいいことを習慣づけ、たくさんの小さな充実感を体験させることです。では、どうすればそのような環境づくりができるのでしょう。どうすれば、やりたくないことにも取り組ませて、やる気を育てることができるのでしょう。

### ◎やる気を支える三つの欲求

ここでは、人が内発的にやる気になりやすい環境づくりとして、人の欲求を理解し、その欲求を満たすやり方を考えていきます。人の基本的な三つの欲求とは、「有能さへの欲求」「自律への欲求」「関係性への欲求」です。これらの欲求が満たされているとき、人は内発的なやる気を起こしやすく、外発的な動機づけで始まっても、最終的に自発的なやる気へと移行させやすいと考えられます。

### ❶有能さへの欲求

有能さへの欲求とは、「有能でありたい」と望む気持ちです。有能でありたいと望む気持ちがあるので、人は行動を起こし、そのプロセスで人は有能感を身につけていきます。

有能感とは、自分に起きている出来事に、うまく対応できると感じることです。それが、やったことのないことでも、たぶん大丈夫だろうと思えるように成長していきます。有能さへの欲求が満たされていくにつれ、人はさまざまなことに対し、「やってみよう」「できそう」「何とかなる」とやる気をもって一歩を踏み出します。

自分がやったことのないことをやっている人を見て、自分もやりたいと思ったり、今できていることも、もっと上手にできるようになりたいと思ったりする気持ちが高まっていきます。やってみてできたときの達成感が、よりいっそう上達しよう、他のこともできるようになろうというチャレンジ精神を生み出します。そのプロセスで体験していることが有能感で、それが積み重なるほど、自分の中で自信が育ちます。

## ❷自律への欲求

自律への欲求とは、自分の行動は自分で決めて、自分の意思で行動を起こしたいという自己決定への欲求です。これは子どもが自分の気持ちを自分で律する、つまり自己コントロールの基本となる欲求です。

ゲームをやっている子どもに、「宿題やったの？」と声をかけて、「今やろうと思っていたのに！」と反発されたことはありませんか？　あなたはどう対応したでしょう。子どもは事実、「ゲームをやめて宿題やらなきゃ」と思っていたのです。葛藤《かっとう》していたというのが正しいかもしれません。ところが、自分で気持ちを律して、ゲームのスイッチを切る前に、親が口を出すことで、子どもの行動を自分で決めるということが邪魔されました。その時点で、ゲームのスイッチを切っても、それは親に言われて切ったのであって、自分の意思でそうしたことにはなりません。この時点で、子どもの自律への欲求は踏みにじられました。だから子どもは「今やろうと思っていたのに!」と反発するのです。

## ❸関係性への欲求

関係性への欲求とは、人と関係を持ちたい、交わっていたいという欲求です。交わることによって人から愛され、必要な人だと思われたいという欲求です。家族や仲間、学校のクラスやクラブ活動など、何らかの集団に属し、そこにおいてなくてはならない存在でいたいという思いです。

親による虐待《ぎゃくたい》や折檻《せっかん》、学校におけるいじめの悲惨《ひさん》さは、人間関係への欲求を根底から否定することにあります。私たち人間は、周囲から受け入れられ、存在を認められて初めて安心して生きていくことができますから、人間関係への欲求が満たされないことは、私たちの最低限の生活をも脅《おびや》かす重大な問題となりうる可能性があります。

## ◎自己肯定感はやる気の土台

さて、本書では子どものやる気を起こす環境づくりを考える上で、「有能さへの欲求」「自律への欲求」「関係性への欲求」の三つの欲求をどのように満たしていくかを学びます。この三つの欲求を満たすために、もうひとつ重要な要素についてお伝えします。それは自己肯定感です。

自己肯定感とは、自分で「自分は大丈夫」と思える感覚です。有能感が何かができることへの自信なら、自己肯定感は自分として生きることへの自信です。「自分はこれでいい」「自分はここにいるべき人間だ」「自分は充分だ」「自分には価値がある」という自分を肯定する気持ちです。自分を好きだと思える感情です。

何かができなかったとしても、何かに失敗しても、それでも自分を好きでいられる感情が自己肯定感です。欠点も、愚《おろ》かさも、それらすべてをひっくるめて、「これが私だ」と自分を肯定する感覚です。子どものやる気を高めたいのなら、まずは自己肯定感を高めること、自分を好きだと思える子どもに育てることが重要です。

私たちの人生には、いろいろなことが起こります。たくさんの素晴らしいことがあると同時に、辛いこと悲しいこと、絶望感を味わうようなことも起こります。いいことだけの人生というのはありません。傍《はた》から見ると、素晴らしいだけの生活をしているような人でさえも、実は、その人なりに大変悩んでいたりするものなのです。

そして、どんなときにも、私たちを支えてくれるのが自己肯定感です。自分で自分を肯定する力です。もうしばらく耐えればきっといいときが来ると、自分と自然の仕組みを信じる力です。人に気に入られるために、他の誰かになる必要はなく、自分は自分でいていいと思える気持ちです。幸せを感じるために、自分以外の何かになる必要はなく、自分でいることが幸せなんだと思える感覚です。

悩む人を支えるために、周りからその人を励ましたり、受け止めたりすることはできますが、結局は、本人の自分を信じ、受け止める力が最後にものを言います。子どものやる気を考えるときに、まず私たちは子どもの中に、自己肯定感を育てることを意識することが大切です。なぜなら、自分に価値があると思えないと、やる気は湧いてこないからです。

自分がダメだからという劣等感をバネに、やる気を出して、何かを成し遂げるという人がいます。成し遂げることは可能でしょう。ところが、それでは、自己肯定感が高まることはありません。なぜなら、自己肯定感が低いときは、自分の心の中で「自分は充分ではない」「自分はあるがままではダメだ」と思い、だから何かを成し遂げることでダメな自分を克服しようとしているからです。

ところが、ダメだという土台の上に、どんなに成果を積み上げても、やはりそこには充分でない自分、あるがままではダメな自分しか見出《みいだ》すことができません。どんなに物事を達成しようと、その達成は自分の外にしかなく、依然として自分は充分でないままの自分でしかないのです。どんなに成績がよかろうと、どんなに優秀なスポーツプレーヤーであろうと、自己肯定感が高くない子どもは、自分と周りに、自分の価値を認めさせるための結果づくりに自分を駆《か》り立ててしまうかもしれません。

子どもの自己肯定感を育てる基本は親の態度にあります。親が、子どものすべてを、よいも悪いも、強いも弱いも、すべてをひっくるめてよしとし、すべてを愛したとき、子どものそれは育ちます。そして、そのように子どもを無条件で愛しているとき、親の自己肯定感も育つのではないでしょうか。

**親になるということは、私たちが子どもの自己肯定感を育てる過程で、再度自分の自己肯定感を育てることができる機会を与えられているということなのです。**

# 第2章

# 子どものやる気を引き出す親の習慣

# 1 ヘルプからサポートへ

## ◎できないから「助ける」ヘルプ

ヘルプとサポートは、人を育てるとき、どのような態度で相手に接するかを示す言葉です。

親が子どもをできない存在としてとらえ、できないからやってあげるのがヘルプです。おっぱいを飲ませる。オムツを当てて世話をする。お風呂《ふろ》に入れる。着替えをさせる。抱いて移動する。乳児にはまだできないことがたくさんあり、できないからこそ親は助け、親のヘルプがあるからこそ子どもは生きていけるのです。

子どもは、この時期に特定の人から充分なヘルプを受けることで、自己肯定感を育てることができます。特定の人とは、主に母親的な役割を果たす存在で、この存在との関係が基本となり、子どもは世の中との関係を築きます。

それは単純に、生理的に必要な世話を受けるということに留《とど》まりません。相手をしてほしいとか、なんだか不安を感じるから抱いてほしいということも含まれるでしょう。赤ちゃんは退屈したり、不安になったりしても自分でそれに対応することができません。お母さんを探しに行けないし、散歩にも行けないのです。泣いて親を呼ぶしかありません。オムツもきれい、空腹でもない、肉体的には快適だけど、精神的に何かを求めるとき、私たちはその甘えを受け入れ、子どもの心を満たします。心満たされる環境の中で、子どもは自己肯定感を育て、人間関係への欲求を満たしていきます。

私が結婚してまだ間もない頃、近所に小さな赤ちゃんのいる家がありました。ある日、赤ちゃんが泣いています。いつまでたっても泣きやまない赤ちゃんに私のほうが落ち着かず外に出てみると、お母さんが洗濯をしています。目が合うと彼女はにっこり笑って「ごめんなさいね、うるさくして」と声をかけてくれました。私は、「ご機嫌斜めですね」と言葉を選んで挨拶《あいさつ》しましたが、まさか抱いてやったらどうですかとは言えません。彼女はすでに、上に女の子のいる子育て進行中のお母さんです。子どもを生んだこともない私が、口を挟《はさ》むところではありません。すると彼女は「泣いてもダメだって、今のうちに教えないといけないのよ」と私に教えるかのようにつぶやきました。

何年かたって、私も子どもを生み、子育てをするようになった頃、「サイレントベビー」という言葉を知りました。泣くことさえあきらめた無表情な赤ちゃんのことのようです。あのときの赤ちゃんがそうなっていないことを心から祈りました。

自分がケアされることを求め、それに応《こた》えてくれる人がいるという経験を通して、人は自分をケアされるに値する人と自己認識します。できない人を助けるのは、その人の生活のためであると同時に、「あなたはケアを受ける価値のある人です」ということを相手に伝える手段でもあります。

生理的欲求が満たされ、人間関係への欲求が満たされる子どもは、そのことを心配せずに、日常生活の面白いことにやる気を出すことができます。ところが、そこに不安のある子どもは、好奇心の向くものに安心して没頭することができません。

乳幼児にとっての肉体的、精神的「不快」を、「快」に変えてやることがヘルプであり、そのヘルプを充分に受けられたとき、子どもはやる気へと向かうのです。

## ◎できるから「見守る」サポート

一方サポートは、子どもをできる存在としてとらえ、子どもができることを見守る態度です。日々成長する子どもは、毎日のように昨日できなかったことができるようになります。スプーンを握って自分の口に食べ物を運ぶようになり、両手でコップを持って、こぼしながらでも自分で飲もうとします。

一歳前後から、子どもはだんだん自己主張を強めます。それまでは親の助けがなければできなかったことが、次第に自分でできるようになり、また、できることは自分でやりたいと主張し始めるのです。それはつまり、自分の世界を自分でコントロールすることへの欲求です。「自律への欲求」の始まりは、生まれて一年もたたないうちにやってくるのです。

自己主張は、ヘルプの手を緩《ゆる》めよという子どもからのサインです。それらのサインが出始めたら、親は子どもの自己主張に沿って、少しずつ子どものやりたがることを子どもに手渡していくことが大切です。子どもの成長に伴って、親が子育ての態度をヘルプから随時サポートへと変化させていくことが、子どもの順調な発育を心身ともに促《うなが》します。

ところが私たち親は、子どもが幼い頃から、子どもの自律への欲求を無視するという間違いをたびたび犯《おか》します。自分でスプーンを使いたいという子どもに、こぼされるのがイヤだからと親が食べさせたら、子どもの自律への欲求は満たされません。靴《くつ》ひもを自分で結ぼうとしているのに、遅いからと親がやってしまったら、子どもの自律への欲求は満たされません。

自律への欲求が満たされていないと、子どもは外発的な動機づけを自分の中で定着させることが難しくなります。たとえば、一日を終える前に、必ず宿題を終えるという習慣を身につけさせたいというとき、親がどんなにその重要性を教えても、子ども自身が「そうだ」と思い、自分を律して自己説得しないかぎりは、その習慣は身につきません。その習慣を身につけさせようとすれば、自分の意思を働かせ、「よし、そうしよう」と自分で行動を起こす自律性が必要なのです。その自律性を育てる方法が、まずは子どもの自律への欲求を満たしてやることなのです。

子どもの「できる」を信じて、子どもがすることを見守るとき、子どものやる気と「できる」が育ちます。それがサポートです。子どもが自分で靴を履《は》こうとするとき、時間がかかってもそれができたとき、子どもの「有能さへの欲求」は満たされます。子どもの小さな「ヤッター」の積み重ねが、子どもの有能感を育てます。子どものやる気や、「できる」を育てる最初の時期が、乳幼児期のヘルプからサポートへ、親が軸足を変える時期なのです。

とはいえ、日々の忙しさに追われる中で、ついつい手を出し、不要なヘルプをしてしまうのが親の現実です。家事や子育てで忙しい中、また、最近は働く母親も増え、仕事と両立させようとすると、早くやることが母親にとって一番大切なことになってしまいます。

サポートが難しいもうひとつの理由として、子どもがかわいいあまり、つい手助けをしてしまうということが挙げられます。おぼつかない様子に思わず手を出してしまいます。子どもをできないイライラから助けることに、親は満足してしまいます。その親の満足の陰に、やろうとしたことを取り上げられ、やる気の芽を摘《つ》まれた子どもがいることには気づきません。このとき、子どもの自律への欲求は満たされません。自分でやっていないので、有能さへの欲求も満たされません。

サポートは、子どもをできる存在ととらえて、「できる」を待つ態度です。それは、子どもが自分の力で「不快」を「快」に変えるのを見守る姿勢です。そのとき求められるのは、親の忍耐です。早くきれいにやりたい親の欲求をこらえ、やってあげたいという思いを辛抱《しんぼう》して、そっと子どもを見守る。ヘルプをサポートに切り替えるときは、親の忍耐を育てるときでもあるようです。

**◎できるのに手を出す干渉・できないのに手を出さない放棄**

朝、子どもを起こす。子どもが散らかした後を親が片づける。明日の学校の準備を子どもに代わってする。子どもが「できる」にもかかわらず、つい子どもの仕事を肩代わりしてしまうということを続けていくと、子どもはやってもらうのを待つようになります。すると子どもは、自分の仕事を処理するために必要な知恵を育てる機会を奪われ、考えて工夫する力を育てることができません。

子どもにいろいろなことを教えることは可能ですが、「考えること」を教えることはできません。「考える」というのは、実際に考えることを繰り返すことで身につく習慣です。それは子ども自身が自分の意思を使うことです。「お前も少しは考えろよ」と言っても、考えて自分の問題を解決する習慣を身につけてこなかった子どもには無理な注文です。

親にできるのは、考えることのできる環境を与えることです。つまり、子どもが自分の力を使わざるをえない環境をつくり、子どもが悩み、考え、工夫し、自分の力で何かを成《な》し遂《と》げるのを待つことです。それは、かなり幼い時期から始まります。

砂山はサラサラと崩れるので、水を混ぜて崩れないようにする。手が届かないものを取りたいので、踏み台を持ってくる、などなど、子どもは自分なりに考え、知恵を絞《しぼ》ってうまくいくやり方を見つけます。私の友人の息子は、同じマンションの上階の友人と遊ぶため、届かないエレベーターのボタンを押すスプーンを持って出かけるようになったと言います。お母さんがいなくても、一人で友だちに会いにいけます。

これらの遊びや生活の中で得てきた「考える力」は、成長とともに、学習やスポーツなどさまざまな分野で活かされます。ところが、そのすべてに親が「ああしなさい」「こうしなさい」「こうするべき」と手や口を出したら、子どもはゆっくり考えることができません。親にしてみれば、まだできないからやってあげようと思っているのでしょうが、私たち親の日常に、子どもができるのにしている不要なヘルプはいっぱいあるようです。
その反面、必要なサポートをしていないという場面もよくあるようです。たとえば小学校に入学した子どもに、学習の習慣を身につけさせようとするとき、子どもは先生や親のサポートを必要とします。示された内容に興味を持ったり、もっと知りたい、もっとうまくやりたいと好奇心が湧《わ》いたりして、自発的に物事に向かうとき以外、学校に行き始めたという理由だけで、子どもが自分から進んで、机に向かって学習をすることはありません。それでも子どもは、学習の習慣を身につけなくてはなりません。そこで、先生たちは授業を面白くするよう、子どもの好奇心をかきたてるよう、さまざまな工夫をします。

**家庭学習においては、一日五分でも机に向かう習慣をつけさせるため、親も一緒になって机に向かう必要があるでしょう。子どもを誘導するために、「今日は何を教わったの？」と子どもの学習に興味を持つことも大切です。**

子どもの教材や宿題を見て、質問をして子どもに答えさせたり、その内容についいて話し合ったり、「あなたの音読を聞きたいな」と子どもの学習を喜んだりして、子どもが学習に向かうためのペースメーキングをする必要があるでしょう。それらの具体的なサポートを行わず、ただひと言「勉強しなさい！」「宿題したの？」と言うだけでは、子どもは本当に親に支えられているとは言えません。

高校受験を控える中学三年生の心の叫びを聞きました。お母さんは彼を心配して、「大丈夫なの？」「もっと勉強したほうがいいよ」と息子に声をかけるそうです。すると息子は、「うるさい！　余計な口出しをするな！」と母の心配を一喝《いっかつ》するそうです。

そうかと思うと彼は、「お母さんはうるさいばっかりで、ちっとも勉強の手伝いをしてくれない」と文句を言うそうです。口出しするなと言うから口出ししないと、手伝わないと言って怒る。お母さんは息子が何を考えているのかわけがわからないと不満顔です。

このお母さんはまさに、余計な口出しで不要な干渉《かんしょう》をしている割には、勉強がしやすいようにと、するべきサポートをしていない例かもしれません。「大丈夫？」「もっと勉強しなさい」などと言うのは、親の不安の解消のための声かけです。まさに余計な口出しで、不要な干渉です。親としてやるべきなのは、不安を抱える息子のために、その不安を解消してやることです。息子が必要とするサポートをすることなのです。

私たち親は、何がヘルプで何がサポートか、子どもが何を親に求めているのかが、わかっていないかもしれません。今、私たちに必要なのは、いつヘルプが必要で、どのようなケースではヘルプが子どものやる気を奪うのか、子どものやる気を支えるためにどんなサポートが必要かを認識し、区別する能力を養うことです。つまり、子どもの中に「考える力」を養うために、私たちの中にも「考える力」を育てなくてはならないのです。

まずは、何が余計な手出しか、何があるべきサポートかを区別するところから始めてみましょう。

セルフコーチング3

# ヘルプとサポート

## あなたは子どものために何をしていますか？

①一日、一週間、一カ月を振り返って、子どもに対してあなたがしていることを、ヘルプとサポート、不要なヘルプに分類して書き出してみましょう。ヘルプは、できないから代わりにやっていること、サポートは、本人が自分でできるのを見守りながら必要な手を貸していること、不要なヘルプは、本人ができるにもかかわらず手を出していること。

（例）中学一年の長男

【必要なヘルプ】
生活費を出す
学資を出す

【サポート】
食事の支度
お弁当をつくる

【不要なヘルプ】
朝起こす
食事の後片づけ

親の家に住まわせる

英単語を覚える手伝い
サッカークラブの送り迎え

部屋の掃除
洗濯をしてたたんだものを
引き出しに入れる
ユニフォームを洗って
スポーツバッグに入れる

②書き終えたら、一つひとつを吟味《ぎんみ》して、そのままでいいものには○、検討が必要なものには☆をつけましょう。

（例）中学一年の長男

【必要なヘルプ】
○生活費を出す
○学資を出す
○親の家に住まわせる

【サポート】
○食事の支度
○お弁当をつくる
○英単語を覚える手伝い
○サッカークラブの送り迎え

【不要なヘルプ】
☆朝起こす
☆食事の後片づけ
☆部屋の掃除
☆洗濯をしてたたんだものを引き出しに入れる

☆ユニフォームを洗って
スポーツバッグに入れる

③そして、あなたの新たな取り組みを、スモールステップで決めてください。スモールステップとは、できることからひとつずつ実行していくことです。一気にやりすぎないように気をつけてください。うまくいかないとき、あなた自身が取り組むことがイヤになります。ひとつだけ、すぐやることを決めてください。そして、やり続ける工夫をしてください。

（例）朝、自分で起きてくるように習慣づける
食後、食器を台所に下げてもらう

やってみて気づいたことを記入してください。

スモールステップでやり始めたことは、子どもが習慣としてできるようになるまで取り組んでください。

子どもは機械仕掛けではないので、一回やってうまくいくというものではありません。親も考え、忍耐し、子どもの力を育てます。

（拙著『子どもの心のコーチング』〈PHP文庫〉第2章「24　朝起こさないことから始めよう」をご参照ください）

# 2 愛されていることを知らせる――自己肯定感のつくり方

## ◎愛することは、存在を認めること

親に大切にされていると感じる体験を積み上げることは、子どもの人格形成にとって非常に重要な要素です。乳児期においては、まだ、子どもに対する期待はそれほどありません。ただ愛し、面倒を見る対象です。

ところが子どもの成長に伴い、親は妙に子どもにあらぬ期待をかけ始めます。まずは親にとって都合のいいように、とにかく何でも早くやること、いつも元気でいることを求めます。早くやってくれれば親は自分のペースを乱されることなく過ごせます。元気でいてくれれば、親は心配で心を乱す必要がありません。

そして、お稽古事《けいこごと》ではよりうまく、スポーツではよその子どもより強く、学習ではよその子どもより優秀に。これらの期待は、子どもにこの過酷《かこく》な競争社会で無事に生き延びてほしい、勝ち組に属して何とか幸せになってほしいという思いの表れです。つまり、親にとっては子どもに対する愛情なのです。ところが、これらの期待は子どもにどう伝わるでしょう。

もちろん、親の期待と子どものニーズがぴったり一致しているケースでは問題はありません。ところが、親にとってみれば、両者のニーズが一致していると思ってやっていることでも、子どもはただ親の言いなりになって、自分の思いを殺して従っている場合もありえます。親に愛されようとする子どもにとっては重要な生き残り戦略です。

あなたは、お子さんを無条件に愛していますか？　親のニーズを満たすための存在としてではなく、あるがままのその子を愛しているでしょうか。子ども自身も、あるがままでいて愛されていると感じているでしょうか。

「早くしなさい」「泣かないで」「きちんとしなさい」「勉強しなさい」「がんばりなさい」の連続で、思い通りの成果が上がらないと「ぐずぐずしないで」「もっとがんばれ」「努力が足りない」では、子どもには親の愛は伝わっていないかもしれません。大事なのは、子どもは親から愛されていると感じることです。自分が愛されていることを知っている子どもの中には自己肯定感が育ちます。

親の期待通りに動かそうとするやり方では、それが基本的な親の愛情から来ていても、子どもに伝わる頃には、「自分は充分ではないかもしれない」「自分には親を喜ばせることはできない」「自分はダメかもしれない」というメッセージとなってしまう危険性があります。つまり、親の期待通りでない自分はダメな自分であると、子どもが無意識に判断してしまうのです。これでは、自己肯定感は育ちません。

親の仕事は、子どもの存在を徹底してよいものとして認め、その存在を喜んでいることを子どもに伝えることです。これで満足だということを伝えます。そのとき子どもは、自分は愛されている、自分はこれでいいと感じ、心が満たされます。その瞬間です、人がやる気になるのは。

ところが実は、親のちょっとした言葉が、子どものやる気をつみとってしまうのですが、親はそのことに気づいていません。その例を挙げてみましょう。たとえば、子どもがテストで前回よりもいい点を取ってきたとしましょう。あなたなら何と言いますか？

「〇〇点だ。よかったね。この調子で次もがんばろうね」

悪くないように思えますが、これでは子どもに親の満足は伝わりません。親は満足していないのです。子どもは、「もっと」を求められています。ですから親が「よかったね」と言っても、それが子どものやる気にはつながりません。しかも、子どもには何が「よかった」のかがわかりません。「この調子で次もがんばろうね」ということは、親が満足するのは、この次にもっといい点を取ったときです。ところが、そのときも同じことが起こり、親は永遠に満足することはないのです。親はずっとがんばり続ける子どもを求めているのです。そして子どもは、永遠に尽きることのない親の要求を満たすために、次のもっといい点を目指してがんばります。これでは自己肯定感は育ちません。

「(○○)点だ。よかったね。毎日、復習をがんばっていたもんね」

これはテストの結果が、子どものがんばりから起こってきたことを示唆《しさ》する言葉です。親はこの時点で満足です。子どもは自分の復習を欠かさない努力が、この結果につながったという因果関係を確認できます。そして、次のテストに向けても具体的に何をなすべきかが理解できます。この瞬間、子どもは自分と自分のやってきたことを「これでいい」と思えるのです。

期待することが悪いとは言いません。ただ、その期待の焦点が誰に、どこに当たっているかです。親の都合や、親が子どもに求めるものに焦点が当たっていると、とかく子どもの気持ちを無視して進むことになります。

親の都合や親の期待の優先度をちょっと下げて、子どもそのものを見てみましょう。愛するわが子です。この子が何を求め、どう理解されたいのか。そんな視線を持つことが、子どもに愛を伝えることであり、子どもの自己肯定感を育てることになるのです。何よりうれしいのは、親に愛された子は自分を愛することができ、自分が好きになれることです。そしてその自分が好きだという思いこそが、生きる意欲、やる気の根源となるのです。

## ◎喜びを充分に感じさせる

なぜ親は、子どものあるがままの成果に満足しないのでしょう。なぜ親は、満足することを恐れるのでしょう。それは、満足してしまったら進歩がないと思うからなのです。

前よりもよい点を取ってきた子どもに満足してしまったら、子どもはもうこれでいいと努力しなくなるのではないかと親は恐れます。現実の社会は、常にもっともっとと期待され、その厳しい中を生きていくのだから、子どもにも幼いうちから、その生き方を身につけさせようと親は無意識に思っているのです。

子どもは満足すると本当に進歩しなくなるのでしょうか？　親の期待に沿って、よりよい点を取り続けることで満足するのは親だけです。子どもは親の期待に応えることに疲れ果てています。そんなときに「前よりよい点を取ってやったのだから次はいいや」と子どもが満足してしまったら、まったく進歩はありません。つまり、親が子どもにやらせている場合においては、満足してしまったら進歩がないというのは本当です。進歩が止まるのは、周りに求められて、もっともっととがんばっているときなのです。

ところが子どもが自律的に、内発的なやる気で結果をつくったときは、満足を感じても、それで進歩が止まるということはありません。子どもは満足することで、心の喜びを体験し、その喜びを糧《かて》に次に進もうとします。

**子どものやる気を育てるために、親が心がけることは、子ども自身に自分の喜びを充分に感じさせることです。喜びに意識を向ける習慣を身につけさせることです。**喜びを感じた子どもは、自発的に次の行動に向かいます。喜びを感じることそのものが心の報酬で、心が満ちたとき、それは思考や行動にプラスの影響を与えます。

では、喜びに意識を向ける習慣とは何でしょう。そんなことは教えなくても一〇〇点は喜びだし、〇点は悲しみ以外の何ものでもないと思うかもしれませんが、そうではありません。子どもにとっては、最初は一〇〇点も〇点も何の意味もないのです。それを意味づけするのは大人です。

私が小学校一年生のとき、動物とその餌《えさ》を線で結ぶテストがありました。私はそのテストで〇点を取りました。わが家では、兄が釣《つ》ってきた小魚を、鶏《にわとり》の餌箱に投げ込む姿が日常でした。当然私は鶏と小魚を結びます。そこからすべてがずれて、結果、〇点となったのです。正解は小魚とアヒルだったのです。母はそれを見て笑いました。そして、よくやったと採点し直してくれたのです。鶏が小魚を食べることをちゃんと見ていた私を認めてくれたのです。ですから、私は〇点を悲しみませんでした。私は〇点の中にも喜びを見つけることを覚えました。

子どもを親の期待に沿って育てるのは残酷です。もちろんそれでなくとも、子どもは親の無言の期待に沿おうとします。だからこそ、親は親の満足ではなく、子どもの喜びを育て、それを子どもにより多く体験させることを心がけなければなりません。親の期待に沿って育てられた子は、いざというときに、自分の力を発揮することができません。親の満足は、子どもの確かな踏み台にはならないのです。

アスリートたちが試合に臨むときに、取材に応えてよく、「自分らしくできれば」「自分のプレーができれば」と、「自分らしさ」を強調します。あれはまさに、彼ら自身が周りの期待を遮断《しゃだん》する言葉です。当然のことながら、トップのプレーヤーになると、何かと世間が注目し、期待をかけます。でも、アスリートたちは、自分の喜びに基づいて、その力を発揮しないかぎり、よいプレーができないことを知っているのです。周りの期待に応えるためのプレーは、最終的には彼らに大きな力を与えません。でもまさか、「皆さん私に期待しないでください」とは言えないので、彼らはあのように言い、自分の心を集中させているのではないかと思います。

## ◎問題行動は自己肯定感を育てるチャンス

よくこんな質問を受けます。子どもに「愛すること」を教える重要性は理解した。ところが、自分（親）の感情は自動的なもので、わかってはいても、子どものダメな面に触れるとついそれを否定してしまったり、説教をしたり、急《せ》かしたりしてしまう。この自動的反応をどう止めたらいいのでしょう。

そうですね。一〇〇点を取ってきてくれればいいですが、私のように〇点だったら自動的に「コラ〜ッ！」となってしまいますね。

あなたはどんなときに、子どもに対して否定的な言葉を向けますか？　先日、講演に参加されたお父さんは、小学校三年生の息子の乱暴に腹を立てたとおっしゃいます。息子はすぐに乱暴をして妹を泣かせる。妹も黙ってはいないので、泣きながら応戦して、激しいきょうだい喧嘩《げんか》になるとのこと。するとお父さんはお兄ちゃんを叱《しか》るそうです。

さて、ここで私たち親にとって重要なことは、人間の心理を理解することです。子どもにかぎらず、なぜ人間はそうなのかという心の仕組みがわかれば、もっと自然に子どもを愛することができるようになります。ところが、子どもの言動の表面的なことに囚《とら》われて、子どもが本当に伝えたいメッセージを理解しないまま対応することで、子どものやる気を封じ込めてしまうことがあります。

なぜ、息子は妹に乱暴を働くのだろう。そのお父さんは、わからないからしばらく観察してみるとおっしゃいました。

人間は、常にある一定の量の関心を周りから受け取る必要があります。つまり、他のだれかとつながっている必要があるということです。「関係性への欲求」です。美味《おい》しいご飯をつくったら「おいしいね」と喜ばれる、いい仕事をして「ありがとう」と感謝されるなど、大人にも必要です。ましてや、子どもには、そのつながっている感覚はより頻繁《ひんぱん》に必要です。ところが、子どもが望むほどには親の関心を得られなかったら。子どもはそれでも親の関心を得ようとして、さまざまな行動をとり始めます。それは、子どもにとっては大変重要なことです。私たちの関係性への欲求は満たされる必要があるからです。

意味のないきょうだい喧嘩もそのひとつでしょう。友だちをいじめてもめごとを起こすかもしれません。親に対してわがままに振る舞ったり、大騒ぎをしたり、まったく反対に、元気をなくし無気力になって、気分的に引きこもったり。つまり子どもはちょっとした問題行動を起こすものなのです。すると親は、「なぜ?」「どうしたの?」「何があったの!」「どうしてそんなことをするの!」と子どもを責めたり、叱ったり、嘆《なげ》いたりします。

**子どもの問題行動は、親の愛情不足から起こるとは思わないでください。親の愛情が充分であっても、今、関心を引くよい方法が見つからないと、ちょっとした問題行動に出るものです。**きょうだいにちょっかいを出したり、誰かをいじめたり、いたずらしたり、悪態をついたり、口答えしたり、引きこもったり。子どもはこれらのことを意識的にやっているわけではありません。子どもの無意識の働きです。ですから「なぜ？」と問われても、子どもはそれには答えられません。

子どもの問題行動は、親が子どもの関係への要求を満たすいいチャンスです。そんなときほど否定的な接し方をするのではなく、そっと抱き寄せたり、会話をしたり、一緒に遊んだりと、親が子どもと一緒にそこにいることを教えてやってください。つまり、親が叱りたくなるような瞬間こそが、子どもの中に自己肯定感を育てる機会であることを認識することが大切だということです。

怒りを感じる瞬間は、その怒りを律して、子どもに一歩近づくときだとわかっていれば、私たちはもっと落ち着いて愛情表現ができるのです。

## ◎親の感情のコントロール法

では、どうすればその怒りを律することができるかです。湧き上がってくる感情をコントロールするにはどうすればいいか。ここで感情のコントロール法をお伝えしましょう。子どもにどのように感情のコントロール法を教えるかは、第3章で詳しくお伝えしますが、ここでは親の感情のコントロールに触れておきましょう。

まず大切なことは、感情を悪者にしないことです。感情が湧き上がることは悪いことではありません。問題になるのは、その感情を行動に移すことです。

私たちは、たとえば「怒り」という感情を行動に移し、暴力や言葉の暴力を使って、問題を起こすことがあります。ここでは、感情と、その感情を行動化することとは別物であることを学びます。怒りなどの感情をどのように表現すればいいかを知ることで、私たちは今よりもっと冷静に子どもと対応することができます。次に提案する感情のコントロール法を試してみてください。

## 感情のコントロール法❶感情のコントロールが必要であることを認める──

感情のコントロールはどうするのですか？　とよく質問を受けるので、その秘訣《ひけつ》を話すと、「そんなことできません」「やったけどダメです」「子どもが……」と結局、自分の感情のコントロールが必要であることを本当には認めていない人だったりします。あるいは、自分の感情をコントロールするのは自分であると認めていないのかもしれません。まずは、これではいけない、何とかしたいと、その必要性を認めることです。感情をコントロールしたいと思うことです。

## 感情のコントロール法❷自分の固定観念を点検する

先ほどの一〇〇点と〇点の話ですが、〇点を悪いと思っていませんか？

それは私たちの固定観念です。固定観念とは無意識にある固定された思い込みです。「〇点は悪いもの」「取るべきではないもの」という固定観念をもっていれば、〇点を取ってきた子どもにイラッとするのは仕方がありません。

もし、「〇点は〇点。それ以上でもそれ以下でもなく、ひとつの事実」と柔軟に受け止めることができれば、イラッとくることはありません。さまざまなことに対して持っているあなたの固定観念は、あなたを幸せにしているでしょうか。今度イラッときたら、自分がどんな固定観念を持っているのかを立ち止まって点検してみてください。「イラッ」の陰には必ず固定観念が隠れています。固定観念は多くの場合「……であるべき」「……するべき」と表現されます。また時には、「……だったらいいな」「……であってくれたなら」という「願い」で表現されることもあります。

## 感情のコントロール法❸自分の感情に気づく

固定観念を通してイラッときて、行動化しているときは、私たちは自分の感情に気づいていません。後になって「しまった！」と思うことはあっても、その瞬間は気づいていないのです。感情に飲み込まれているのです。自分の感情に敏感になれば、イラッとした瞬間に、行動化する前にその感情に気づくことができます。そのとき深呼吸をひとつすれば、静かに子どもに向かうことができます。

自分の感情に気づくための訓練の第一歩は、普段から自分の感情を恐れずに感じることです。怒り、悲しみ、恐れ、不安、喜び、期待、楽しさ、愛情など、自分の時々の感情に名前をつけることをお勧めします。そして、その体験を感じることです。「ああ、私は今、怒りを感じている」など素直に感じ、その感情を見つめることをしてみてください。そのときあなたは、感情と出会い、感情を見つめてはいますが、行動化はしていません。感情に飲み込まれてはいないのです。

感情のコントロール法❹普段から素直に自分の気持ちを伝える努力をする――

❸で自分の感情を感じることをお勧めしましたが、自分が何を感じているかがわからないと、わからない感情には素直になれません。ですから、必ず❸とセットで心がけてみてください。

たとえば、会話の中でふと不安になったとしましょう。これに気づいて素直に認め、友人に「何だか今の話だと……だから不安を感じるのだけど、どうしたらいいか相談に乗ってくれない？」と言えば、友人はあなたの相談に乗り、会話は展開するでしょう。ところが素直にならず、黙ってしまったり、「もういいわ」などと言ってしまったりしたら、友人は「何だろう？」と思うだけで、あなた自身がふたをしているような不安には気づかず、あなたの不安が解消されることもありません。そして、あなたは誰にも理解されずに終わってしまうのです。

あなたが子どもの態度にイライラするときも同じです。イライラして「何してるのよ、さっさと行きなさいよ！」と乱暴に言葉で行動化する代わりに、「そうやって寝転がっていると、具合が悪いのかと心配よ」と、素直に心配していることを伝えるのです。

## 感情のコントロール法❺心の中の「子どものあなた」の感情を受け止める――

実は感情はある種の癖《くせ》です。あなたの気質が持つ傾向です。気質の影響で、あなたは幼い頃からそう感じるように習慣づけられてきました。怒る人はよく怒ります。悲しむ人はよく悲しみます。なじみの感情は、何かにつけよく出てきます。それと同じで、自分自身の感情を自分で受け止めることをしてみてください。あなたの中に「子どものあなた」がいて、その幼いあなたを受け止めるかのように自分の感情を自分で受け止めてみてください。「〇〇ちゃん（幼いあなたの呼び名）、悔《くや》しかったね」と声に出してみてください。心が静かになるまで、やることとです。そして、「子どものあなた」が聞きたい言葉を伝えることも忘れないでください。「大丈夫、私がついているよ」と。

自分が今、感じていることは、どうしようもないと思うかもしれません。ところが、感情とのつき合い方を変えれば、私たちはもっとうまく自分とつき合えるようになります。そして、それを行う目的を思い出してください。あなたの子どもが、日々をより活き活きと生きるための親の習慣を身につけるためです。

セルフコーチング4

# 感情のコントロール

## あなたはどんな感情に囚われますか？

①あなたが特にセルフコーチングしたいと思う感情を見つけてください。そして、なぜその感情をコントロールする必要があるのか、コントロールできたらどんないいことがあるのかを書き出してください。

②そして、その感情を次に体験するときを待ちます。その感情が湧いてくることに無意識にならず、感じてください。

③感情が湧いてきたら、「べきは？」と自問自答します。つまり固定観念を探すのです。「親に頼まれたら、子どもはすぐに言うことを聞くべき」とか「帰ったらすぐに宿題をするべき」という、声にならない心の声です。

④固定観念が見つかったら、自分の感情を伝えたほうがいいかどうかを判断して、答えがイエスなら「私メッセージ」で素直に気持ちを伝えましょう。

（例）「あなたの洗濯物をお部屋に持っていってくれると（私は）助かるわ」
「今なら（私は）一緒にできるから宿題やりましょうか」

私メッセージは、「私は……」と自分の気持ちを伝えるコミュニケーション法です。親が怒りなどを感じているとき、あなたメッセージは「（あなたは）もっとちゃんとしなさい！」と子どもを責める結果になってしまいます。

一連の体験を終えたら、あなたの気づいたことを書き留《と》めておいてください。

①セルフコーチングしたい感情
②どんな状況でその感情を感じたか
③その感情の後ろにある固定観念は（「……べき」「……だったらいいな」で表現）
④どのように伝えたか
⑤その結果何が起こったか

自分の感情とどうつき合うかは、私たちの人生の質を左右します。

うまくつき合えるようになるための第一歩は、よく知ること。感情を素直に見つめることを覚えましょう。それは、感情に飲み込まれることとは異なるものであることを体験してください。

喜びは、あなたをより幸せにするものであることを体験してください。そして、怒りや悲しみなどの否定的な感情も、きちんと見つめれば、あなたの心の糧になることを知ってください。

## 3 「任されること」で自律心が育つ――有能感のつくり方

### ◎任されたとき人はやる気を発揮する

あなたは、子どもが生まれたときの喜びを覚えていますか？　子どもは自分で息をし、自分で心臓を動かしています。この瞬間、私たち親は大いなる感謝の念を抱きました。子どもが寝返りを打ったときも、私たちは「はい、ごろーん」とか言いながら子どもの寝返りを見守りました。歩き始めたときはどうでしたか？　手をたたきながら「こっちだよ、イチニ、イチニ」と応援しませんでしたか？　これらの「できなかったこと」ができるようになるのに、親の力はまったくと言っていいほど何の役にも立っていません。できることと言えば、環境をつくり、その兆候《ちょうこう》を待ち、できたときに喜び、応援することぐらいです。

その後の子どもの成長も、本来ほとんど同じように起こります。自分でスプーンを持ってご飯を食べるのも、コップを持って水を飲むのも、こぼした水を自分で拭《ふ》くこともすべて、歩けるようになったのと同じように子どもは学びます。親ができるのは環境をつくることぐらいです。そのひとつは、**親がモデルになってやって見せることと、子どもの興味を引き出すこと、そして邪魔をしないこと**です。

邪魔なんて！　とあなたは思うかもしれません。でも意外と私たち親は、自分の仕事と勘違《かんちが》いして子どもができることに手を出し、子どものやる気を邪魔してしまうことがあります。

自分でやると言い張る子どもを抑えて、子どもの口にさっさと食べ物を運んだことはありませんか。自分で履こうとしている靴下を取り上げ、さっさと履かせたことはありませんか？　私はあります。そうしないと食事が終わりません。さっさと支度をさせないと私は仕事に行けません。私は私の都合に合わせて子どもに行動させようとしました。でも、その一つひとつの行為が、子どもの自分で伸びようとする気持ちを邪魔しているにほかならないのです。一回やったからといって、それだけで子どものやる気をつぶすことはありません。ところが、自分のやっていることの危険性に気づかないままやり続けることには、やはり問題があります。

子どもは任されて、自分でやっているその瞬間に、やる気を発揮していま す。その瞬間が多ければ多いほど、子どもは自分の中でやる気を体験していま す。やる気の高い子どもは、それまでにもたくさんのやる気を体験してきた子どもです。私たち親は、なるべくどんなことでも、子どものやる気に沿って、子どもに任せ、実際に自分でやることを体験させるように心がけなければなりません。つまり、余計な手出しをしないことです。

また、気をつけたいことのひとつが、親が子ども以上に、子どものやっていることに夢中にならないことです。つまり、やる気の横取りをしないことです。

ある人が、子どもとの苦い体験を話してくれました。その人のお子さんは小さいときから運動能力が高く、小学校に入学する頃に、親の影響で剣道を始めたそうです。その成長には目を瞠《みは》るものがあり、子どもはどんどん強くなっていきました。子どもが強くなるにつれ、親は子ども以上に子どもの剣道にのめり込んだそうです。どんな協力も惜しまず、もっと強くなることを求め、親は夢中だったそうです。どんな試合でも勝ち進んでいた子どもに、ひとつの成長のピークがきます。思うように伸びなくなってきたのです。誰にでもある試練のときです。その人は子どもを叱咤激励《しったげきれい》しました。すると子どもは、親のために剣道をやるのはイヤだと、さっさとやめてしまったのです。周りからは、せっかくの才能がもったいないと説得を受けたようですが、厳しい練習に耐えるだけのやる気はないと言ったそうです。もし、子どものやる気に沿って子どもをサポートしていたら、子どもはもっと続けられたのではないかと、その人は打ち明けてくれました。そのことを考えると、今も心の奥が痛むとも……。

やる気を横取りされて、努力だけを求められる子どもは、自分がやりたくてやっているものさえ、まるで親のためにやっていることになってしまいます。自分が好きで始めたことを横取りされた状態です。「自律への欲求」は満たされません。自律とは、自分の意思で選び、自分の意思で行動を起こすことです。親の意思でやらされていると感じると、やる気がなくなるのは当然かもしれません。

## ◎成長に沿って任せれば子どもは伸びる

子どもは任されて、自分でやってみて、できたとき、「有能さへの欲求」が満たされ、有能感を育てます。先にもお伝えしたように、本来、人は、有能でありたいと思っています。人は常にできるようになりたいと思っています。そして、「できないこと」が「できること」になるプロセスは本当に自然で、日々の生活の中で当たり前のように起こっていきます。

自然が私たちを完璧につくったと先に述べました。生まれてから日々成長し、機能を発達させるそのプロセスには、ムダがないとも述べました。子どもはいつの間にかハイハイをし、つかまり立ちをして、間もなく歩くようになります。子どもは、その子の発達の速度に合わせて成長していくのです。

スポーツや学習も、それと同じではないでしょうか。その子の興味と発達の程度に合わせて、自然にその成長に沿っていけば、後は子ども自身に任せて見守れば、子どもは伸びていきます。もちろん、本来持っている能力以上のものを求めることはできませんが、その子が本来持つ力の最大を引き出すことは可能でしょう。

天才アスリートの一人に、メジャーリーガーのイチロー選手がいます。彼の野球人生のスタートに、その父の存在は欠かせません。イチロー選手が野球選手になりたいと言ったのは幼稚園の頃。野球好きの男の子なら誰でも持ちそうな夢です。そして、父とイチロー選手の毎日の野球遊びが始まったのは、イチロー選手が小学三年の頃でした。イチロー選手が学校から帰るのを待って、毎日、親子は野球で遊びました。練習の基本メニューは毎日同じ。イチロー選手が飽きると無理にやらせようとはせず、彼が野球の次に好きな相撲《すもう》を取ることもあったようです。親子の練習は、イチロー選手が高校に入学し、寮《りょう》生活に入るまで毎日行われました。ただ、その内容は、イチロー選手の成長に合わせ、自然に高度なものに高められていきます。

「野球を教えるというよりはむしろ、目的を持った遊びという感じですよね。だからイチローの主体性を尊重し、まず、やりたいものを優先させた。僕はあくまでイチローの後ろからついていくという感じです」

イチロー選手の父の言葉です。子どもの能力に合わせ、発達のペースに合わせて、天才は育てられました。イチロー選手のあるがままに任せることで、やる気を引き出したのです。

イチロー選手の例はかなり特殊なものかもしれませんが、その基本となる考え方は、誰の子育てにも共通するものです。遊びは楽しく面白く、いくらやってもイヤになることがありません。そうやって徐々にその遊びのレベルを上げていくのです。遊びですからその中心は子どもであり、どうやって楽しむかは子どもに任されます。もちろん親はその遊びをより楽しくするためにたくさんの工夫をします。

学習も同じです。わが家でも、娘がまだ幼い頃から、数でよく遊びました。どこの家でもやると思いますが、金平糖《こんぺいとう》を三つ持っていて、またおばあちゃんに二つもらったらいくつになるか。それがだんだん複雑になっていきます。お母さんに二つあげたけど、お父さんがお土産《みやげ》に六つ持って帰ってきた。ところがお友だちが来たのでひとつあげたとか、さまざまなストーリーも加えていきます。おやつを食べながら、ふれあいの中で遊びながらの学習です。

金平糖が他のものに変わって、公園で遊ぶ犬の数になったり、冷蔵庫の卵の数になったり。それを数式にして見せるととても興味を抱《いだ》き、もっともっとクイズで遊ぶように計算問題を求めます。ある日、娘と書店へ行ったとき、私は彼女に算数ドリルを見せました。彼女の目は輝きました。お母さんがつくってくれる数式がいっぱい並んでいるのです。ドリルを買って帰って、それが彼女のおもちゃのひとつに加わりました。

無理に何かをやらせようとしても、子どもは興味を示しません。それどころか抵抗する子どももいます。ところが、子どもが興味を示すやり方で、遊びから入って、子どもが楽しむに任せて、子どもの発達に沿ってやっていけば、子どもはどんどん伸びていきます。勉強嫌い、練習嫌いをつくらないために、面白さ、楽しさという入口をつくるのは親の仕事ですが、どう遊ぶかは子どもに任せてはどうでしょう。やりすぎ、押しつけは、子どもの自然なやる気の成長を妨げることを覚えておいてください。

**◎自発的に動いたときに責任を学ぶ**

任せたら伸びるということについて考えてみましょう。たとえば、学校の準備は子ども自身の仕事であるとして任せたとしましょう。ある日、プールがあるのに子どもは水着を忘れていきました。結局子どもはその日、プールに入れませんでした。がっかりした子どもは、「もう絶対に忘れないぞ」と、きちんと準備することに意欲を燃やします。自分の仕事に責任をとろうとするのです。

ところが、学校の準備が親任せだったらどうでしょう。朝から、「今日はプールの日よ。熱を計りましょう」と、親が子どもに熱を計らせ、水着の入ったバッグをランドセルの横に置き、子どもはただ無意識に、されるがままにバッグを持って出かければいい状態なら。そんな毎日の中、何かの都合で、親が勘違いして水着の準備をしなかったとしたら。それで泳げなかった子どもは、家に帰ってきて、「水着を入れてくれなかったから」「プールがあるって言ってくれなかったから」と、親のせいにします。自分以外の人のせいになった瞬間から、子どもはその間違いから何かを学ぶことはありません。人のせいにしたところで終わりです。

つまり、自分の仕事を自分の仕事として任されないかぎり、人は意識を広げてそれと取り組むことはありません。大人も同じです。仕事を任せずに、「言ったことしかやらない」と部下の不満を言う上司がいます。任せることなく、ただ自分の仕事の手足として部下を使っているうちは、部下は言われたことしかしないでしょう。自発的にさまざまなことに取り組みを広げることはありません。つまり、自発的に取り組むときのようなやる気を発揮することもないのです。

子どもも大人も、**やる気のカギは自発性です。そして自発性のカギは、自分の仕事を信じて任されるところにあります。**信じて任せてもうまくいくという保証はありません。望んだ通りの結果が出ないこともあるでしょう。できないことの中から、次にはこうしようと努力を重ね、「できる」が生まれます。任されていれば「次にはこうしよう」という意欲や、やる気が体験できるのです。人間はそのように成長していくことを受け入れることが大切です。

セルフコーチング５

# 人生を任されてきたか

## あなたは何を任されてきましたか？

あなたはこれまでの人生（特に経済的に自立するまで）で、どのような選択を任されたと思いますか？　また、どのような選択を任されなかったと思いますか？　人生のいくつかの場面を思い出して、書き出してみてください。

その結果、どのような体験をしたか思い出してください。

（例）

【任されたこと】

・中学で演劇部に入ったこと

〈経験〉中学から高校までずっと演劇を楽しんだ。演劇部の仲間とは今もつき合いがある

・高校受験
〈経験〉散々もめたが、絶対に譲らなかった。合格したときは大きな達成感があり、高校生活を楽しんだ

【任されなかったこと】

・ピアノを習うこと
〈経験〉最初からやりたくなかったのにやらされ、やめたいと言ったがやめさせてもらえず、結局、中学へ行くようになってクラブ活動があるからという理由でやめた。好きでもないと思う。大人になった今も、やりたいとは思わない

・歯医者に通うこと
〈経験〉絶対にイヤだと言い張ったが無理やり連れていかれ、いつも怖《こわ》い思いをしていた。今思うには、子どものうちにきちんと治療したことがありがたい

人生は本人のものです。でも、幼い頃は決断も実行もできないことがたくさんあるので、私たち親はできるかぎりの愛情をもって助け、見守ります。でも、彼らの意思が表れ始めたら、それに耳を傾け、子どもたちの意思を育てていきましょう。

また、あなたの親も、完璧ではなかったでしょうが、あなたに任せてくれたことがあったと思います。それを思い出してください。

# 4　「人の役に立つ喜び」がやる気のタネになる

### ◎役に立ちたいという思い

私たちの中には、本人が自覚する、しないにかかわらず、誰かの役に立ちたい、何かの役に立っていたいという思いが眠っています。役に立つことによって、相手から何か見返りがあるというわけではありません。何の見返りも求めず、ただ人の役に立つということです。

ところが、実はこれには結果として、大きな見返りがあります。それは、役に立っているという満足です。自分は人の役に立つ人間であるという満足感です。ただしこれは、単なる気ままな自己満足ではありません。そこには、私が役に立てた相手がいます。そして相手の笑顔や幸せがあります。相手の喜びがあります。自分は人の幸せに貢献できる人間であるという満足感は、何物にも代えがたい大きな喜びであり、私たちを動機づけ、やる気にさせるものなのです。

仕事から疲れて帰り、グッタリして「疲れた……」とひと言。幼かった娘は「お母さん、足、揉《も》んであげる」とやさしくしてくれます。私は「あなたがやさしくしてくれると疲れも吹っ飛ぶ。ありがとう」と言いました。アミューズメント・パークで、赤ちゃんを抱いたお母さん。上のお子さんはどうしても乗りたいと言い、赤ちゃんを抱いたお母さんは、それには乗れません。「私たちと一緒に乗りましょう」と声をかけて喜ばれました。ちょっとした「役に立ちたい」というやる気が互いの喜びをつくり出します。

やる気は外からは来ません。やる気は、子ども自身の中から湧いてくるものです。親は子どもが幼いうちに、子どもの中に、子ども自身の中から湧き出る、やる気のタネをまくことができます。

そのやる気のタネは「人の役に立つ喜び」です。この使命感に基づくタネを植えることで、子どもは一生、健全なやる気を保つことができます。この使命感で動くとき、私たちは大きな充実感を体験できるのです。

そのためには子どもが育つ家の中で、人の役に立つ経験を重ねることです。親は、子どもにとってかけがえのない存在です。その親の役に立つことは、子どもにとってこの上ない喜びです。ですから、**親の役に立ち、親から「ありがとう」「うれしい」「助かった」と親の気持ちを受け取るとき、子どもは自分が誰かの役に立ったことを体験します。**大切なのは、親が子どものお手伝いや気づかいを喜び、その喜びを子どもに言葉にして伝えることです。自分の何気ない親切や思いやりが、人を喜ばせるという体験を充分に積んだ人は、人の役に立つ喜びを心と身体《からだ》に記憶します。その結果、子どもは人の役に立つという純粋な動機づけでやる気を起こします。

### ◎アメはいらない

人を育てるときに、「アメとムチをうまく使うとよい」とよく言います。子どもを親の思い通りに動かすためにアメ（ご褒美《ほうび》）を与え、親の希望に沿わないときはムチ（罰）を与えるということです。これは私たち親が、アメとムチを使って子どもを動かすという考え方です。ですから主人公は親です。アメを持っているのも、ムチを持っているのも親で、子どもは自分の意思で動いているのではなく、アメとムチで動かされているのです。

子どもが無気力で、自分の意思で行動を起こさないときは、時にアメとムチを使ってその気にさせるという方法も考えられます。外発的にやる気にさせるのです。やれば何かいいことが待っているとなれば、行動を起こしやすいでしょう。あるいは、やらないとイヤなことが待っているという場合も、同じ効果があるかもしれません。アメとムチの考え方は、子どもが自分から進んでは学習をしようとしないときなどの習慣づけの参考になりますが、愛情に基づく、正しい使い方ができるように配慮が必要です。その方法は第4章で改めてご紹介するとして、ここでは「アメはいらない」という話をしたいと思います。

それは、子どもが自発的に選んで、やりたいこととしてやっているときです。自分で興味を持って学習している、本を読んでいる、何かの練習をして

いる。あるいは親に頼まれて、子どもが気持ちよく親の手伝いをしていると
き、つまりやりたくてやっているような場合です。この場合、子どもは自発
的なので、親はアメを使って子どもを動かそうとする必要がないのです。た
だ、子どもがやっていること、やってくれたことに対して親が感じたことを
伝えればいいのです。「がんばっているね」「熱心だね」「面白そうね」「あり
がとう」で充分です。ここでアメを与えることは、子どもが主体的にやって
いるにもかかわらず、親が主導権を握ることになります。そうすると、子ど
もはやる気をなくします。

あるワークショップで、そのことについて話しました。すると、そこに参
加していた一人の女性から、次のような体験談が寄せられました。子どもの
頃にやる気をくじかれた例です。

彼女が小学生の頃のこと。彼女が通う小学校には、校門の脇に大きなソテ
ツの木が植わっていました。ソテツの木の根元には四季折々の花が咲いてい
ます。あるとき彼女は、その花に水をやることを思いつきます。誰に言われ

たわけでもなく、彼女は毎朝水やりをします。花たちは、まるでゴクゴクと音を立てるように、彼女のまく水を飲みました。それがうれしく、水やりは彼女の日課になりました。誰かに頼まれたり、指示されたりしたものではなく、自発的に彼女が始めたことでした。彼女は日課を楽しみました。彼女はそれが好きだったのです。やりたいからやっていたのです。

ところがある日、一人の先生が彼女の行為に気づきます。先生は、彼女の善行をほめたいと思ったのでしょう。朝の集会の全校生徒の前で、彼女がやっていることを発表したのです。彼女は言います。「私はその先生に腹を立てました」。

せっかく彼女が見つけた喜びを、なぜ人前で話されなくてはいけないのか。「私は、ほめてもらうためにやっているわけじゃない」。ところが、彼女がそのまま花の水やりを続けると、それは、ほめてもらうための行為になってしまう。それ以来、彼女は花の水やりをやめました。そして、彼女はあんなに楽しんでいた花の水やりを奪われた気分になっていたのです。

その先生はただひと言、彼女に「ありがとう」と言うだけでよかったのです。「花が喜んでるね」のひと言でよかったのです。先生は自分のうれしさを言葉にするだけでよかったのです。

そして、今度は彼女の娘にまつわる体験です。彼女の娘は走ることの大好きな元気な幼稚園児。小さい頃から下駄《げた》が大好きで、素足《すあし》に下駄で生活をしてきました。その影響もあるのか足が速く、運動会ではいつも一等賞です。お母さんがワークショップに参加した後の運動会で、娘はまた一等賞を取りました。その姿に大喜びをしたお父さんが、娘に何かご褒美を買ってやろうとお母さんに相談しました。お母さんはひと言、「あの子は何もいらないわ。あの子は走るのが好きなの。それを私たちがうれしく思い、その気持ちがあの子に伝わればそれで充分」。結局、ご褒美はなく、きっとお父さんのでっかいハグが、小さな娘を包み込んだのでしょう。自分が一所懸命走ったら、親が喜んでくれた。だからまたがんばって走ろう。それでいいのです。本人がやる気を持ってやっていることにご褒美はいりません。

二〇一〇年、メジャーリーグでシーズン十年連続二〇〇本安打の新記録を樹立したイチロー選手は、二度国民栄誉賞授与の打診を受けましたが、辞退しています。二〇〇一年に打診を受けたとき彼は、「まだ若いので、できれば辞退したい」と言ったそうですが、二〇〇四年は、「今の段階で国家から表彰を受けると、モチベーション（動機づけ）が低下する」と、その理由を述べたそうです。

本人がやる気を持って自発的に何かに取り組んでいるとき、そのやる気や結果に値するご褒美など、そうそうあるものではありません。そのやる気や結果にどのくらい周りが感動したか、うれしかったかを静かに伝えればいいのです。「ありがとう」「感動しました」と。

## ◎ムチでやる気は引き出せない

では、ムチはどうでしょう。ムチは「やる気を出させるために脅《おど》す」というやり方です。やらないとお小遣いはナシという具合に、やらないと欲しいものはもらえないよと脅すやり方です。

子どもは欲しいものが手に入らないことを恐れて行動を起こします。ところがアメに欠点があったように、ムチにもそれを使うことの弊害がありま す。

まず、人は何であれ、脅されたり、罰せられたりすることは好きではありません。頻繁にムチを当てられることは、子どもによい影響を与えません。そのひとつが、親との人間関係です。

脅されることの多い子どもは、親との間で「関係性の欲求」が満たされることがありません。関係性の欲求とは、親との関係において親に愛されたいと思う気持ちです。愛されている関係の中で子どもはやる気になりますから、よくムチを使う親のもとでは、子どもはやる気を発揮することはできないのです。

また、よく脅される子どもは、相手を見て行動するようになります。相手によって言動を変えたり、相手の気分に合わせて振る舞ったりするようになります。それは子どもに、脅されて動くタネを植えることになります。脅されて動くタネを植えられた子どもは、脅す人がいるところでは行動を起こすでしょう。しかし、それは自分の意思による行動ではありません。ですから、脅す人がいないと、自分から動こうとはしません。つまりムチは、子どもの中に二面性を育てることになります。

その点まったく副作用のないやる気のタネが、人の役に立つ喜びです。誰かのために、何かのために、特別な見返りがなくともやる気を発揮できることとは、その子どもの人間性として育ち、子どもの一生に大きなプラスの影響を与えます。

子どもが役に立ってくれたと思う瞬間を見つけましょう。ものを取ってくれた。戸を開けてくれた。荷物を持ってくれた。「お茶、飲む？」と聞いてくれた。ちょっとしたことであなたが助けられたと感じることに、「ありがとう」と言葉で応えましょう。子どもの行為が役に立ったうれしいと感じた瞬間を伝えるのです。

積極的にその機会をつくるとするならば、子どもにお手伝いをしてもらうことです。そして、「ありがとう」「うれしい」「助かった」と、子どもが役に立ってくれたこと、そして、それによって親が抱いた感謝の気持ちを伝えることが大切です。その繰り返しが、使命感に基づいた行動を起こすというタネを植えることになるのです。

セルフコーチング6

# 何かの、誰かの役に立つ

## あなたは何に使命感を感じていますか？

あなたが今、何らかの使命感を感じてやっていることは何ですか？　すべてを書いてそのリストを眺め、気づいたことを書き留めておいてください。

（例）ＰＴＡの役員として、地域の親の連携を強化する運動
娘が好きな習い事を続けられるよう、パートの仕事に励むこと
パートでひとつの売り場づくりを任されていること
家族の栄養管理

何かの役に立っているという感覚は、私たちの人生を豊かにします。相手が誰であれ、内容が何であれ、「これは相手の役に立ってるかな?」という見方をすることで、いっそう相手の役に立てるようなやり方を考えるきっかけにもなります。「やってあげる」とか「仕方がないからやっている」というスタンスから、役に立とうとするスタンスに変化すると、体験も違ってくるかもしれません。

# 第3章

# 子どものやる気を引き出すコミュニケーション

## 1 コミュニケーションは「聴く」から始まる

### ◎誰のために聴くか

子どものやる気を育てるときは、まず、子どもを理解するところから始めます。特に内発的なやる気を起こそうとすれば、その子がどんな子か、何に興味を持っているのか、何を面白いと思っているのか、また、何に困っているのかなどを知らないと、子どもに対するよいサポートはできません。まずは、基本的に親の聴く力を向上させること、子どもの話をよく聴くことから始めましょう。

あなたは、どのくらい子どもとの会話の時間をつくっているでしょう。そして、どのくらい真剣に子どもの話を聴いているでしょう。

私たち親は、聴くということを誤解していると感じることがよくあります。講演が終わった後、一人のお母さんが話してくれました。以前に、子どものの話を聴くことが大切なことだと知ったお母さんは、小学四年の息子が帰るのを待って、「今日はどうだったの？」と声をかけ始めました。繰り返し声をかけるのですが、息子はあまり熱心に答えてくれません。もともと息子は子どもらしい元気さに欠ける子で、学校から帰って「お母さん、あのね！」といろいろ話してくれる子どもではありません。お母さんが子どもの話を聴くことに目覚めてから、お母さんはかえって子どものそんな性格に不満を感じるようになったと言います。そして、そのお母さんは、講演に参加するうちに気づいたことがあると、こんなことを話してくれました。

自分は子どもの話を聴きたいと思っていたが、それは、子どものことを理解するためではなく、自分が子どもの話を聴くことで「子どものことを知っている」と満足すること、そして、子どもの話を聴く「いい親」でいるためだったかもしれない。だから子どもがいろいろなことを話してくれないとイライラして、そのイライラが子どもに伝わって、ますます子どもは話したがらないのではないか。

お母さんの気づきはその通りだと感じました。彼女は自分の安心を得るためや、子どもの話を聴く「いいお母さん」になるために、子どもの話を聞き出そうとしていたのです。

聴くというのは、話を引き出すことではなく、子どもの心の言葉に耳を傾けることです。子どもが求めるときに、子どもの心に寄り添うことです。子どもの求めるときに耳を貸さずに、親が安心したいときに、いい親になりたいときに「どうなの？」と声をかけても、子どもは話してくれません。

よくおしゃべりする子どもでも、思春期に入る頃には、だんだんと自分のことを話さなくなります。それはごく当たり前のことで、親から離れて自分の世界をつくり始めるからです。話さなくなるというのは、それは親であろうと、自分の心にズカズカ入ってきてほしくないという合図でもあるのです。

ところが、気をつけなければならないのがこの頃です。話さなくなり、親から離れようとしているそのとき、子どもはこれまで以上に孤独です。声をかけても、「別に……」しか言わないかもしれませんが、腹を立てたり、必要以上に心配したりせず、これまでと変わらず声をかけて、親の心の扉はいつも開いていることを知らせてください。

また、特にお父さんに見受けられがちですが、普段あまりコミュニケーションが取れないからと、たまに子どもに声をかけます。ところが、普段からコミュニケーションしていないと、急に話をするといっても話題がありません。日常生活を知っていて初めて会話は成立します。結局お父さんが、自分の子ども時代のことを気持ちよく語って「お前もがんばれよ」と取り留《と》《と》めのない会話をして終わってしまいます。お父さんは、コミュニケーションができてよかったと思っているかもしれませんが、子どものほうには「聴いてもらった」という充実感はありません。日頃から会話をする習慣をつけるようにしてください。そのためには、一緒に遊ぶことです。

### ◎聴いて「心の絆《きずな》」をつくる

あるお母さんから、子どもとの会話に関して相談を受けたことがあります。お母さんはもともと、社交があまり得意ではなく、夫も無口なタイプで、二人でいる分にはそれが楽でした。ところが息子はまったく異なる性格で、うるさくまとわりついては話を聴いてほしがります。幼いときはかなりいい加減な応答でやりすごすこともできましたが、最近、息子はお母さんとのコミュニケーションに不満を示すようになったというのです。「お母さんはそんなことしか言わないの？」「どうせお母さんに言っても仕方がないから」と言うようになってきたということです。

「お母さんはそんなことしか言わないの？」と言われたというので、お母さんはお子さんにどんなことを言うのですか？　と聞いてみました。「え？　どんなことって……」とためらうお母さんに、たとえば昨日一日、どんなことを言いましたか？　と聞いてみました。すると彼女は思い出しながら「えーっと、朝は……『早く起きなさい、七時よ』と声をかけて……」と順を追って、自分の口から出た言葉を、記憶をたどって教えてくれます。「早く食べてね」「早く行かないと遅れるわよ」。夜はどうでしたかと聞くと、「仕事から帰ると、息子は学童保育から帰っていてテレビを見ていたので、『宿題終わったの？』『学校からのプリント忘れずに出してね』……」と思い出しながら話してくれます。いつもそんな感じですか？　と聞くと、いつもそんな感じですと答えます。

「今日の給食、何だった？」とか、「○○くん、風邪《かぜ》治ったの？」とか、「お母さん、今日大変だったのよ」とか話しませんか？　と聞いてみました。すると彼女は、「給食はメニューをもらってあるので聞かなくてもわかりますし」「友だちのことはあの子があまり話さないので……」「それに、私が職場で大変だった話をしても、子どもにはわからないし」……。

私たちのコミュニケーションには、役割的な関《かか》わりと、感情的な関わりがあります。私たち親は、子どもに対する親という役割から、いきおい、役割的発言が多くなってしまいます。聴いていてわかったのは、このお母さんの言葉はほとんどが役割的発言だということです。役割上、言わなくてはならないことを言っているのです。だから息子は「お母さんはそんなことしか言わないの?」と言ったのでしょう。彼女の発言や質問には、今日の息子の様子を知りたいとか、自分に起こったことを話したいとか、息子との会話を楽しみたいとかいう感情的な交流は見つかりません。

私たちは、何のためにコミュニケーションをしようとするのでしょう。ひとつは情報の伝達です。相手が求めているのがそれであれば、役割的に情報交換をすれば完了です。

もうひとつは、会話を通してその相手との心の絆を無意識にも確かめよう、つくろうとする目的です。一緒にいて、言葉で通じ合っている、互いに受け止め合っていることを確認したいのです。「今夜のおかず何?」と聞かれて、「から揚《あ》げよ」という答えに対して、「あ、うれしい。から揚げ大好き。から揚げ美味《おい》しいよね」と言ったら、感情的な関わりを求めているのが聞き取れます。

人がやる気になりやすい環境づくりのひとつとして、「関係性への欲求」を満たしましょうとお伝えしました。私たち人間は、常に人の間にいて、それらの関係を感じようとしています。親子だから関係があって当たり前、いちいち言葉にしなくてもわかっているというものではありません。親に愛されている、理解されているとわかっていればそれでいいというものではなく、一緒にいるときに受ける刺激や、楽しい会話の中で、子どもはやる気を育てていきます。それは感情的な関わりの中から生まれるのです。

このお母さんの子どもが求めているのも、会話の中で体験する心の絆ではないでしょうか。自分が話すことでその思いが理解され、そのとき感じる安心や満足を、子どもは求めているのです。そのとき、子どもの関係性への欲求は満たされます。

### ◎人は自分の声を聴いてやる気を起こす

私はさまざまなワークショップで、人が話すことをとても大切に考えます。それが仕事の場であろうと、親が子どもとのコミュニケーションを学ぶ場であろうと同じです。

私が担当する仕事のひとつに、キャリア・ディベロップメントというのがあります。企業で働く人たちが一度立ち止まり、今後の仕事の方向性を確認し、新たにやる気を持って仕事に臨むためのプログラムです。プログラムでは必ず、かなりの時間を取って自分を語る時間をつくります。

自分が仕事に対して感じていること、不安や不満、意欲や望みなど、さまざまなテーマを出して、そのことについて自由に語っていただきます。同時に、話を聴く側の人には、話を受け取り、理解し、共感を示す聴き方をしていただきます。最初は戸惑《とまど》っていた人たちも、話し始めると戸惑いなど忘れ、夢中になって話します。親のためのワークショップにおいてもまったく同じです。

話すことの効果は抜群です。参加者たちは自分の問題や悩み、夢や期待を話しながら、自分に必要な気づきを起こし、自分に必要なことを学んで帰ります。優秀な講師が何時間もかけて素晴らしい講義をしても、あれほどの素晴らしい変化を人々に起こすことはできません。どんなに親はどうあるべきかを力説しても、親たちは、「だから子どもの話を聴いてみよう」とは思いません。彼らが気づき、納得し、よしやってみようと思うのは、彼らが自分で話したからです。

**自分の思いを言葉にしているとき、私たちは自分の声を自分で聴き、自分の思いを理解し、気づきます。**人は自分の気持ちに常に気づいているわけではありません。忙しい日々の中で、私たちは自分が何を感じているかさえ感じ取らないまま生きています。それを話せる機会を得た人は、話しながら自分に気づくのです。それは大人だけでなく子どもも同じです。**親との会話の中で、子どもは自分の声を聴き、やる気を高めていきます。子どもも、自分の声を聴く必要があるのです。**

もうひとつ、私たちが聴く必要があるのが、声にはならない心の声です。声にはならない心の声を、私たちは聴く余裕が大切です。今の子どもたちは、とても忙しい毎日を送っています。学校が終わると学習塾や習い事です。習い事もひとつや二つではありません。子どものスケジュール帳は予定でいっぱいだそうです。いつ遊ぶのだろうと思ってしまいます。いつぼんやりと「いいこと」を考えるのだろうと思います。

何もすることのない退屈な時間の中で、子どもは想像力を働かせ、創造力を養います。子どもの時間をテレビとかゲーム、習い事のような既製品でいっぱいにしてしまうのは、決してよいことではありません。たしかに何もない時間は退屈です。退屈だからこそ、「あれをしてみよう」「これをしてみよう」と「いいこと」を思いつき、子どもはやる気を起こします。遊びの時間は、やる気を体験する最高の時間です。

大人も同じです。仕事や生活に追われている毎日には、立ち止まって自分の心の声を聴く余裕がありません。そんなときは、ちょっとした問題でも大変なことのように思えて、やる気もなかなか出てきません。想像力も創造力もカサカサにしぼんでいきます。私たち大人にも、子どもと同じ「退屈な時間」が必要です。何もしない暇な時間です。インターネットもテレビも既成の楽しみが何もない中で、自分の声を聴いてみる余裕です。心から既成のものを追い出し、自分のオリジナルな心の声に触れることができれば、新たなやる気が湧《わ》いてくるのです。

セルフコーチング7

# 感情的な交流を思い出す

## 子どもと感情交流していますか？

この一〜二週間を振り返り、子どもと交わした会話を思い出してみてください。子どもとの会話の中で、感情的な交流を生み出したと思える場面を挙げてください。

（例）母が具合が悪いという話をしたら、子どもが「おばあちゃんがかわいそう」と言った。その思いやりがうれしかった
テレビコマーシャルを見ながら、子どもが幼稚園時代の思い出話をした
子どもが誕生日プレゼントにもらった本が面白いと言い、感想を話し合った
娘が友人のことを話す表情で、彼女の友人に対する思いを感じた

役割的なコミュニケーションも重要ですが、子どものやる気に関わることは、感情的な交流が大きく影響します。普段から、子どもと感情的な交流を持つよう心がけましょう。

感情は言葉に表れないことも多く、様子を観察することで、相手の気持ちに敏感になれます。

## 2 受け止めて行動を促す聴き方

### ◎異文化コミュニケーションで子どもの心に寄り添う

思春期の子どもとのコミュニケーションに関する相談をよく受けます。子どもが親の言うことを聞かない。親に対して罵詈雑言《ばりぞうごん》を吐《は》く。自分の部屋に閉じこもり、食事さえ家族とは一緒にしない。まったく話が通じないなど、親が訴える「子どもとのコミュニケーション不全の問題」は多様です。

聞いていくと必ず親の中に、子どもに対する「こうであるべき」という親の勝手な理想像があって、親は子どもにそれを求めています。あるべきを押しつけられた子どもは抵抗し、反撃のための罵詈雑言も吐くでしょう。

私は、子どもに対する親の「こうあるべき」を吹き飛ばす提案をします。まず、本当にこの状態を変えたいかどうかを確認して、どうしても変えたいというところで同意できたら「お子さんを、よその国から預かったホームステイの留学生と思って、一日過ごしてみてください」と言います。だいたいの親は驚きますが、この方法でほとんどの場合うまくいきます。

相手を理解しようとしたら、それには異文化コミュニケーションと同じ姿勢で臨むことが大切なのです。「わかっているはず」「こうするべき」では、異文化の人とはつき合えません。つき合いたいのなら相手の文化を理解することです。それが相手の心に寄り添うということです。畳の敷かれた子どもの心に、靴《くつ》を履《は》いて上がってはいけないということです。土足で上がるから、子どもは罵詈雑言を吐くのです。

留学生と思ってつき合ってみるというのは、子どもの問題となる行動を、子どもの問題ととらえるのではなく、親という環境から影響を受けた子どもの反応としてとらえるということです。つまり、親という環境が変わり、違った態度で接することができれば、子どもの反応も変わるのです。

会話の中で、子どものやる気を高めようとすれば、このときこそが、子どもの関係性への欲求を満たすチャンスです。つまり、自分は親に大切に思われている、親は自分を愛していて、受け入れてくれていると思わせることです。もちろん、子どもは意識的にそんなことは思いません。それは、子どもの無意識がキャッチする情報です。では、どうすれば会話の中で親が子どもを大切に思っていることを伝えることができるのでしょう。それは、真剣に話を聴くことです。聴くときに心がけたい態度を挙げてみましょう。

## ❶身体を相手に向けて目を見る

これは、話を聴きますよ、聴いていますよという合図です。子どもが声をかけてきたら、そして、感情的な交流を求めているようなら、新聞を読みながら、テレビを見ながらをやめて、まずは身体を子どものほうに向け、目を見て話を聴きましょう。

それは子どもに対して、「君の話に興味がありますよ」と態度で伝えることです。手が放せないときに声をかけられたら「ゴメン、五分待ってて。そしたら話そう」と伝えて、五分たったら必ず子どもに向かってください。

## ❷うなずき、あいづちを打つ

積極的に聴いていることを示す態度です。どんなに一所懸命でも、反応がないと話しづらいものです。会話にはある種のリズムが必要です。時々うなずきが入り、あいづちがあると安心します。子どもが「あのね……」と話しかけたとき、「どうした?」とか「うん?」と反応が返ってくると安心し、話そうという気が湧いてきます。

## ❸エネルギーレベルを合わせる

相手の目を見て、うなずき、あいづちを打ちながらと述べましたが、そこに、エネルギーレベルを合わせることをつけ加えます。つまり、子どものエネルギー、あるいはテンションに合わせて目を見て、子どもの勢いに合わせてうなずき、あいづちを打つということです。難しいと思うかもしれませんが、実は、いつも私たちが無意識にやっていることです。元気そうな相手と会話するときはこちらも元気よく、相手が静かだと私たちも相手に合わせて静かに振る舞おうとします。これが、エネルギーレベルを合わせるということです。

子どもの様子を感じ取ってください。静かな様子なら、あなたも静かに。興奮して「今すぐ聴いて！」という感じであれば、親もそれに合わせて。目を合わせてきたらあなたも視線を返します。子どもが視線を外しがちなら、あなたもやわらかい視線で。

**◎やる気を起こさせる聴き方の例**

親の心に聴く余裕のないときでも、まずは形から。これらの態度を実行することで、実際、心から聴こうとする気持ちになれるものです。

態度の準備はできました。次は、子どもの関係性への欲求を満たし、子どものやる気を起こさせるための聴き方です。

私たちは、人と交わるときに、無意識のうちに、自分の価値観や独自の見方のフィルターを通し、相手の言っていることを吟味《ぎんみ》し、態度を観察します。そして、自分の考えと照らし合わせて「よし、○」「違う、×」をつけながら判断しています。そうした無意識の判断は、一瞬にして行われます。

ですから、子どもとの関わりの中で、親にとって「そうじゃない」と思う言葉や態度に出会うと、自動的に子どもに対して「何言ってるの！」「何やってるの！」と反応してしまいます。子どもの言動が、親にとって×だったのです。

子どものほうはというと、同じく無意識のうちに親の対応や反応を観察し、親に対して○×を出しています。このとき子どもの中に、親に対して○がつけば、子どもは心を開いていろいろなことが話せます。このとき親は、子どもをやる気へとリードすることが可能です。ところがそれが×だと、子どもは「聴いてはもらえない」「言ってもムダ」と判断し、心を開かないまま、やる気も起こらないまま、まして関係性への欲求も満たされることなく終わってしまいます。

そこで親にとっては、異文化コミュニケーションの心構えが必要になるのです。×をつけて子どもを何とかしようとし、子どもの心を閉ざす代わりに、他の文化を知ることでそれを受け止め、より理解しようとする聴き方が求められるのです。その方法は次の通りです。

## ❶自分の決めつけを参加させない

相手を理解しようという気持ちが薄いと、ついつい私たちは勝手な見方で決めつけ、言葉を挟《はさ》んでしまいます。

子ども「今日ね、学校でね、先生に怒られちゃった！」
親　「えっ！　先生に怒られちゃったの？　あなた何やったの？」

お母さん独自の見方のフィルターが働き、×がつきました。この時点でもう、お母さんは子どもの話を聴いていません。子どもが何かをやらかしたことを心配しています。でもそれは、子どもが本当に聴いてほしいと思っていることではありません。

子ども「ねえ、見て見て！（うれしそうに）九八点だったよ！　あと二点で一〇〇点だったのに！」

親「あら、ほんと。何で二点ぐらい落とすかな！」

一〇〇点ではないものの、子どもは九八点を取った喜びに溢《あふ》れています。ところがお母さんの見方は、一〇〇点を取らなかったことに向かっています。

❷子どもの話したいことに沿って聴く

【先生に叱《しか》られた】

子ども「今日ね、学校でね、先生に怒られちゃった！」

親「先生に怒られちゃったの？」（何を話したいんだろう？）

子ども「うん……すっごく」
親「すっごく？　何かあった？」
子ども「体育のときに、ちょっと他の子と話しただけなのに、すっごく怒って……。他にも話してる子はいたのに、先生、僕だけを怒るんだ。なんで僕だけ……」
親「そうか。あなただけが怒られて、それがイヤだったのね」（それを訴えたかったのか）
子ども「ねえ、見て見て！（うれしそうに）九八点だったよ！　あと二点で一〇〇点だったのに！」
【あと二点で一〇〇点】
親「あら、ほんと。あと二点で一〇〇点だ！」
子ども「すごいでしょ！　がんばったんだよ」
親「すごいね。がんばっていたもんね」

子どもの話したいことに沿って聴いていけば、子どもが何を伝えたいのかがわかります。人の話を聴くということは、まさに相手の伝えたいことを聴くということです。それは、自分の興味の方向へ話を持っていくことではありません。

## ❸子どもの気持ちをくみ取る

「そうか。あなただけが怒られて、それがイヤだったのね」

「すごいね。がんばっていたもんね」

子どもがもっとも伝えたいことを言葉にしてくみ取りました。このとき、子どもの欲求は満たされます。満たされたとき、初めて人の心は、できたはずのことに向きやすくなります。親としては、最初からなぜ一〇〇点が取れなかったか、一〇〇点を取るためには何が必要だったかを見てほしいと思いがちですが、子どもはそうはいきません。九八点がすごいと思ったら、まずそれに共感を得ないと、次へは行けないのです。ひとつが終わらないと、次へのやる気は湧いてきません。先生に怒られたケースも同じです。「自分だけが怒られた」という悔《くや》しさをくみ取ってもらえないかぎり、「なぜ怒られたのか」ということは考えられません。先生に怒られないために自分はどうしたらいいかなど、考える気になれないのです。

## ◎受け止めて行動を促す

子どもの気持ちを理解し、くみ取ることができると、子どもは聴いてもらえた安心と満足を感じ、親に対して心を開きます。そんなときは、やる気にもなりやすいものです。気持ちを充分にくみ取った後なら、結果をより肯定的な方向に導くための会話ができるのです。

ただし、会話の内容によっては、あえて次の行動を促す必要はないかもしれません。子どもは親に聴いてもらっただけで、気持ちの整理ができて、それで充分ということもよくあるのです。聴くだけで充分なのか、次の行動を促したほうがいいのかは、子どもの様子をよく観察してみて判断しましょう。

【あと二点で一〇〇点】

子ども「ねえ、見て見て！（うれしそうに）九八点だったよ！　あと二点で一〇〇点だったのに」
親「あら、ほんと。あと二点で一〇〇点だ！」
子ども「すごいでしょ！　がんばったんだよ」
親「すごいね。がんばっていたもんね」
子ども「うん。先生が間違いを直しておきなさいって」（間違いに意識が向いたな）
親「どこ間違えたの？」
子ども「ここ、計算間違いしたの」
親「どれ？」

子ども「（直して）ほら簡単だよ」
親「あら、簡単だったのね。何で間違えたのかしら」
子ども「あわてちゃったんだよ。そういうこともあるよ」
親「そうよね。では、この次からはどうすればいいかな？」
子ども「うーん、ゆっくり？」
親「ゆっくり？」
子ども「うん、ゆっくりと計算を見直す」
親「そうね、それがいいわね」
子ども「うん！」

【四二点のテスト】
子ども「これ……」（がっかりした様子で四二点のテストを渡す）
親「はい、ありがとう。どうだった？」
子ども「四二点だった……」

親　「そうね。ちょっとがっかりしてる？」

子ども　「やだな。僕、算数嫌いだよ」

親　「算数嫌い？　そうか。何点だったらうれしかったの？」

子ども　「え？　うーん、八〇点以上」

親　「そうね。八〇点以上だったらいいね」

子ども　「無理だよ。わかんないから」

親　「お母さんと一緒にもう一回やってみようか。二人で何点取れるかやってみようよ」

子ども　「お母さんと？　うーん、いいよ、やっても」

セルフコーチング8

# 異文化コミュニケーション

**もしも子どもが海外からの留学生だったら……**

子どもを別の文化を持った人と思って会話してみましょう。
つまり、相手をもっとよく知りたい、理解したいという気持ちで会話をしてみます。
どんなことに気づきましたか?

私たちは子どもとの間に適切な距離を置かず、相手の領域を侵《おか》すような態度や言葉遣いをすることがあります。特に子どもに対してズカズカと踏み込んでいても、それに気づいていないことが多いのではないでしょうか。

一度、子どもを異文化の人として接してみてください。どのような体験をするか、子どもがどう反応するかを楽しんでみてください。

# 3 気持ちの立て直し方を教える聴き方

## ◎子どもが「感情の罠《わな》」にかかってしまうとき

子どもの気持ちが否定的な方向に大きく傾いているとき、私たちはその気持ちを受け取り、時には癒《いや》し、見守り、時にはユーモアで、子どもの気持ちとつき合うことで、子どものやる気を復活させるサポートをします。

特に、小学校の三～四年生以降は思春期の入口にあって、子どもの中にはこれまで体験してこなかったようなさまざまな感情がうごめくようになります。そんなときに、自分さえもが持て余してしまうような感情に寄り添ってくれる人がいるのは、子どもにとっては大きな力です。

もし子どもが、うまくいかない勉強の成果にイライラして、「もう勉強するの、イヤ！」と言ったら、あなたはどうしますか？「何言ってるの！　そんなことばっかり言って、サボってないでさっさとやっちゃいなさい」「だからもっと早くからきちんとやっておけばよかったのよ、言ったじゃない」と言うでしょうか。あるいは「ハイハイ、わかったわ。だから、やることさっさとやりましょう」と受け流すかもしれません。このとき、子どもはどう感じるでしょう。やる気になるでしょうか。いいえ、子どものやる気はますます低下します。子どもは自分の気持ちを受け取ってもらっていないからです。

　子どもはなぜ、親に「もう勉強するの、イヤ！」と言うのでしょう。本当に無気力な子どもは、それさえ言いません。**子どもが親に否定的な気持ちをぶつけるのは、自分のこの気持ちを何とかしたいという思いの表れです。それで助けを親に求めたのです。**

　そのとき、「何、言ってるの！」とか「そんなことばっかり言っていないで」と言われたらどうでしょう。こうした言葉は、子どもの気持ちを否定しています。それは、自分が今、感じていることを「感じてはいけない」と言われているのと同じです。このとき、子どもは二重に否定的なものを感じる状態になります。ひとつは、もともとあった「もう勉強するの、イヤ!」という気持ちと、もうひとつは、「そう感じることはいけない」と否定された気持ちです。どうすればいいのかわからなくなるのは、当然のことですよね。

「ハイハイ」と、一見受け止めているようなフリはどうでしょう。子どもは適当にあしらわれていることにも、きちんと気づきます。つまり、親が真剣に自分と向き合ってはくれていないことを察知するのです。

自分の気持ちをあるがままに受け取ってもらえたら、子どもは自分の感情と出会うことができます。受け取ってもらえて初めて、子どもは自分の感じていることに対応できるのです。子どもが対応しなければならないのは、自分の気持ちです。「勉強するの、イヤ!」から、「やるっきゃないな」へと自分で気持ちを変化させていくよう、自分で対応しなければならないのです。

ところが親によって否定されると、子どもが対応しなければならない対象は、否定した親になります。自分の気持ちを否定した親と戦ったり、親に何とかわからせようとしたり、わかろうとしない親を責めたりするのに忙しくなり、子どもは自分の気持ちに出会うことができなくなります。

結局、親は何のサポートもできずに終わってしまいます。サポートどころか、せっかく自分の前で、否定的な言葉を吐いてくれた子どもの問題を増やしてしまうのです。

まずは、子どもの気持ちを受け止めることを学びましょう。感情の罠にかかって、マイナスのスパイラルに入っている間は、子どもはやる気にはなれません。子どもが自分の否定的な感情に出会い、それを受け止めた上で、肯定的な感情と出会うようにサポートします。例を挙げてみましょう。

子ども「もう勉強するの、イヤ！」
親「イヤになっちゃったの？」
子ども「もう、イヤ！」
親「イヤなんだ。……何がイヤになっちゃった？」

子ども「わかんないの、全然わかんないの」
親「わからないんだ？　どこがわからないの？」
子ども「ここ！　これ、これわかんないの！」
親「これだね。分数は難しいよね。お母さんも苦手だった」
子ども「だからもういいでしょう！　やらなくても」
親「本当だね。やりたくなくなっちゃうよね」

このように、子どもの否定的な気持ちを、まずは受け止めることです。おおらかな気持ちで受け止めて、初めて前進できるのです。

### ◎忍耐の大切さ――感情のコントロールを教える

子どもの否定的な気持ちを受け止め、対話するプロセスは、同時に、子どもに自分の感情をコントロールすることを教えるプロセスでもあります。私たち親は、子どもの否定的な感情を受け止めるのが下手です。それを受け止めてしまうと、親子ともども否定的な感情に飲み込まれてしまうと思うからです。子どもの辛《つら》さを受け止めると自分まで辛くなるので、それを避けようとするのです。

第2章の親の感情のコントロールのところでお伝えしたように、親自身が自分の気持ちと向き合い、それを受け止めることができるようになると、私たちは子どもの否定的な感情を受け止めることを恐れなくて済むようになります。そうして初めて、私たちは子どもに感情のコントロールを教えることができるようになります。

第2章では、自分の固定観念を点検することをお伝えしました。固定観念とは勝手な思い込みです。

たとえば、自分の不甲斐《ふがい》なさに出会うと、私たちは落ち込みます。自分は有能ではない、自分にはたいしたことはできないと思い、落ち込みます。不甲斐ない自分が、できない自分が情けなくなるのです。このとき、私たちの中にはどこかに「できるはずの自分」「できて当然の自分」という幻想を抱いています。この幻想も、固定観念と呼ぶことができます。その「できるはずの自分」「できて当然の自分」という理想の自分と、できていない自分を比較して、不甲斐ないと思い、落ち込むのです。

もし、幻想を手放して、現実を受け入れることができたらどうでしょう。「私は不甲斐ない結果をつくっている。できていない」と素直に受け入れたら、初めて「じゃあ、どうするの？」と、次への会話が始められます。幻想を手放し、不甲斐ない自分を受け入れ、そこから新たに自分の理想を描き、それに向かって小さな一歩を踏み出す。これはとても忍耐のいるプロセスです。

このプロセスでは、愚直に自分とつき合わなければなりません。できていない自分と出会い、「それでもいいんだよ」「そんなこともあるよ」と自分を慰《なぐさ》め、ここから始めようよと自分を力づけることをしなければなりません。「もう一度理想を描こうよ」「夢は何だろう」と、一歩一歩、自分とつき合わなければなりません。とても面倒な作業です。かなり忍耐のいる作業です。

自分の否定的な部分ときちんとつき合える親は、子どもの否定的な感情とも、しっかりつき合うことができます。子どもの否定的な感情に触れることを怖がらずに済むのです。子どもの「イヤだ！」を、「イヤだね」と受け取っても、自分には何も問題が起こらないことを知っているからです。むしろ、「そう、その感覚、私も体験したことがある。恐れなくてもいいよ。苦しんでもいいよ。受け止めるから」と、余裕を持っていられるのです。次に、具体的な会話例を見てみましょう。

**◎忍耐を教える聴き方**

子ども「もう勉強するの、イヤ！」
親「イヤになっちゃったの？」
子ども「もう、イヤ！」
親「イヤなんだ。……何がイヤになっちゃった？」

子ども「わかんないの、全然わかんないの」
親「わからないいんだ？　どこがわからないの？」
子ども「ここ！　これ、これわかんないの！」
親「これだね。分数は難しいよね。お母さんも苦手だった」
子ども「だからもういいでしょう！　やらなくても」
親「本当だね。やりたくなくなっちゃうよね」
子ども「だから、もうやらない！」
親「そうね。その気持ちよくわかる。じゃ、ちょっと聞かせて。わからないからもうやめちゃうのと、わかってできるようになるのと、どっちがいい？」
子ども「……そりゃ、わかってできるようになるほうがいいけど……」
親「そうか」
子ども「でも、わかんないから！」
親「そうだよね。じゃ、どうやったらわかるようになるか、お母さんと一緒に考えてみようか」

「もう勉強するの、イヤ！」と感情的になっていた子どもは、親と話すうちに次第に落ち着いてきます。このプロセスを何度も体験して、子どもは感情のコントロールを覚えていきます。**子どもが望んでいるのは、否定的な感情を受け止めてくれて、自分をそこから肯定的なところへと導き出してくれるサポートです。**当然のことながら、これは親にとっても忍耐のいるプロセスです。時間もかかります。ややもすると、次のようになってしまいます。

親　「これだね。分数は難しいよね。お母さんも苦手だった」
子ども「だからもういいでしょう！　やらなくても」
親　「本当だね。やりたくなくなっちゃうよね」
子ども「だからもうやらない！」
親　「何言ってるの、やらないわけにはいかないでしょ。ほらがんばって！」

せっかくいいところまで子どものあとをついてきたのに、「何言ってるの……」と子どもの言ったことを否定することで、子どもの先に立って、子どもの領域に侵入し、子どもが自律的に気持ちを立て直すことを邪魔してしまうのです。

親「そうね。その気持ちよくわかる。じゃ、ちょっと聞かせて。わからないからもうやめちゃうのと、わかってできるようになるのと、どっちがいい？」

これは親が「わかるようになりなさい」と命令することではなく、「わかるようになったほうがいい」と、子どもに選ばせる質問です。これまで述べてきた通り、人は自分で決めたい生き物です。「理解しなきゃダメ」と言われると、やる気は起こりませんが、「どちらがいい？」と聞かれれば、「そりゃ、わかったほうがいい」と思います。

ところがここで、「……そりゃ、わかってできるようになるほうがいいけど……」と素直に認めない子がいます。素直に認めたら、「じゃ、やりなさい」とあっさり放り出される体験をしてきた子どもです。素直になると放り出されることがわかっているので、「どちらがいい？」と聞かれても、「そりゃ、わかったほうがいい」とは言えないのです。そういう子はむしろ「できるようにならなくてもいい」と答えるでしょう。

辛抱強く、忍耐できる親のもとでは、子どもは自分で「……そりゃ、わかってできるようになるほうがいいけど……」と言うことができ、そう言った瞬間、子どもの中にやる気が回復してきます。ところが、子どもはすぐ、「でも、わからないから！」とやっぱりイヤだというところにいってしまいます。それでも親はあきらめません。「そうだよね。じゃ、どうやったらわかるようになるかを、お母さんと一緒に考えてみようか」と、あくまで子どもを「できる可能性」にリードします。

つまりこの会話は、子どもの「もう勉強するの、イヤ！」という気持ちを受け取りますが、「イヤだからやらないというのは認めない」ということです。子どももそんなことは望んではいません。気持ちの立て直しを手伝ってほしいのです。そして、肯定的な前進を手伝ってほしいのです。友だちをたたいてしまった子どもに、「そう、悔しかったのね」のひと言で終わってしまっては、子どもは別の対応法を学べません。もし、たたいたりしないで、その悔しさを晴らすとすれば、他にどんな方法があったかを、子どもと話し合う必要があるのです。

こうした親のあきらめない姿勢が、子どもにできるようになるまで忍耐して取り組むことを教えます。そして、その姿勢こそが、分数がわかるようになること以上に重要なことなのです。そして、この会話のプロセスで子どもは感情をコントロールし、その方法を身につけていくのです。

取り組むことさえイヤにさせなければ、子どもは取り組みます。取り組みの途中で、他の力を投入すれば、分数を理解できるようになるでしょう。取り組んだ分、わかったときの子どものやる気は、それ以前とは比べものにならないくらい高くなります。他の力とは、先生、お父さん、お母さん、きょうだいと、分数をわかりやすく説明できる人が周りにいるはずです。子どもは人の中で育ちます。親にとって、これらの他の力とも連携を組むことが、子どもを健全にやる気に導くカギとなります。辛抱強い聴き方で、子どもの「わかった」を引き出していきたいものです。

セルフコーチング9

# 自分の感情に気づく

**あなたは最近、何を感じていますか?**

最近のあなたの感情（気持ち）に気づいてみましょう。

（例）実家から送ってもらった野菜がうれしかった
子どもの成績に不安を感じている
満開の桜に気持ちが晴れやかになった
仕事の進行が遅いことにイライラしている
実家の父の病状を心配している
同僚から仕事の相談を受け、何となくやる気が湧いてきた自分の感情にふたをしていると、子どもの感情も受け取りにくいものです。実際に書き出してみることで、感情に気づきましょう。

「うれしい」「不安」「晴れやか」など、感情を言葉にしてみてください。

感情を豊かに感じ取り、表現することが、相手の感情を感じ取る第一歩にもなります。

# 第4章

# 子どものやる気を引き出す習慣づけ

# 1 子どものコーチになる

## ◎一人の人間として子どもを尊重する

子どものやる気を引き出すためには、親自身がコーチになることをお勧めします。親というのは、とかく子どもにあらぬ期待をかけがちです。自分の子どもを冷静にとらえられずに、やたらと高望みをして、子どもにストレスを与えてしまいます。また反対に、成長のために必要な適度のストレスまでも避けようとして、必要以上に子どもを守ってしまうこともあります。

まずは自分を、子どものコーチの位置に置いてみてください。では、コーチの仕事とは、どんなものでしょうか。

二〇〇八年、北京オリンピック水泳平泳ぎのゴールドメダリスト、北島康介さんのコーチを務めた平井伯昌《のりまさ》さんは、オリンピック中のブログにこう書いていました。

「コーチが選手にしてあげなければならないことは、スタート台にたつ前に不安要素を消し去ってあげておくことです」

どうでしょう？　私たち親は、子どもの不安を取り除くような態度で子どもに接しているでしょうか。日頃から、子どもが自信を持って前進しようと思うような言葉がけをしているでしょうか。むしろ、まったく正反対の関《かか》わり方をしてしまっていることも多いのではないでしょうか？

平井コーチは、北島さんが北京オリンピックを目指していた二〇〇七年には、このように語っていました。

「小さい頃は〝指導者〟、二十代に入れば自分の〝理解者〟〝パートナー〟が必要になってくるんだと思う」

私たちは、子どものよき指導者として、子どもたちをうまく導いているでしょうか。指導者として、また、よき理解者、パートナーとして、コーチは選手との間に信頼関係をつくらねばなりません。信頼関係なくしては、選手はコーチの助言を受け入れることができないからです。

親子関係においても同じように、信頼関係が重要です。子どもが親を信頼しているとき、初めて親は子どもの力を引き出し、やる気を起こさせることができます。信頼があるからこそ、子どもは期待に応《こた》えようとするのです。

では、どうすれば信頼関係を築くことができるか？　それは、一人の人間として親が子どもを尊重することから始まります。第2章に戻ってくださ い。子どもの存在を大切にし、愛することで、子どもの自己肯定感を育てることができます。そして、仕事を任せることで自律心を育て、子どもの有能感を育ててください。そのプロセスで、親子の関係は深まり、子どもは親を信頼します。

そしてもうひとつ、親が子どもの信頼を得るためには、親が自分の人生や子育てにはっきりとした軸（信念や考え方）を持ち、ブレることなく、その軸に沿って子どもと接することが必要です。子どもは親をよく見ています。何事にもはっきりとした基本姿勢を持って、それを大切にし、貫こうとする親に子どもは信頼を寄せ、安心してそのサポートを受けることができます。

日によって言うことが違う、情報に振り回されて方針がコロコロ変わるということでは、子どもは親を頼れません。方針を決め、一貫性を保つことです。

以前、あるお母さんが、携帯電話について悩んでいることを話してくれたことがありました。

「娘の友だちは携帯電話を持っており、娘も買ってほしいとせがむ。でも自分は、子どもに携帯電話はやはり贅沢《ぜいたく》だと思う。欲しければ働くようになってから買えばいいと思う。自分が頑《かたく》ななのだろうか、子どもには他の子と同じことをさせてやったほうがいいのだろうか？」

話を聴きながら、このお母さんが娘としっかりした信頼関係を築いていることを、私は感じ取っていました。携帯電話を持たせることが正しいかどうかを考え、周囲の親たちがどうであれ、自分の考えをはっきり子どもに伝えることのできる親を、子どもはきっと頼もしく感じているはずです。

コーチとして大切なことはもうひとつ、親の役割が何であるかをはっきりと定義することです。なぜなら、勉強することも練習することも、それは子どもの仕事であり、親がそれを強要するのは、子どもの領域に土足で踏み込むことになるからです。ですから改めてヘルプとサポートの違いを認識する必要があります。何であれ、やるのは子ども自身です。だとすれば、その子どもの領域を侵《おか》すことは、かえって子どものやる気をつぶすことになるからです。賢いコーチは、選手の領域に踏み込みません。どんなに優秀なコーチも、選手の代わりはできません。賢い親も、子どもの領域には足を踏み入れません。きっちり子どもに任せます。そのとき、子どもはやる気を起こすのです。

では、子どもの領域に踏み込まないようにするには、どうすればよいのでしょう。第3章に戻ります。子どもの話を聴くことです。聴くことで、話している子どもが客観的に自分の状態に気づく機会をつくります。気づけば、次にどうしたらいいかを考えることができます。

## ◎子どもを観察し、気質と現状を知る

子どもは一人ひとり、能力の領域やレベルが異なります。彼らが生まれ持ってきたものがあり、十人いれば十人ともが一〇〇点を取れるとはかぎりません。八〇点の子もいれば、六〇点の子もいる、四〇点が精一杯の子もいるでしょう。でも、ある教科では四〇点が精一杯の子も、他ではもっといい成績が取れることでしょう。勉強は苦手でも、スポーツで能力を発揮するかもしれません。話すことは苦手でも、手先が器用で、ものづくりがうまいかもしれません。

**コーチングはまず、この子は何が好きで、どんな力を持っており、何ができるかを、よく観察することから始まります。今、子どもがやっていることがあれば、それがどのくらいできているか、子どもがどこで躓《つまず》いているかなどをきちんと確認することが大切です。**

現状を確認しないまま子どもを見ると、親はつい自分の基準で評価してしまいます。親の評価が厳しい場合は、子どもはその基準に達することができ

ず、有能感を持てずに終わってしまいます。では、評価は甘ければいいのでしょうか。それも問題です。評価が甘い分、伸ばせる力も伸びずに、同じ間違いをし続け、できるはずの目標が達成できないで終わってしまいかねません。

現状を確認しないまま「勉強しなさい」「練習しなさい」と言うと、子どもはやる気をなくします。コーチとしての親の役割は、子どもの現状を確認して、可能性を増やすために情報を与え、子どもの選択をサポートすることです。またこのとき、子どもの気質や性格をよく把握することも重要です。性格によって、親が何に注意を払うべきかが異なってくるからです。

### ◎子どもが夢や目標を持てない理由

親がコーチとなる準備をして、子どもの現状を把握しました。次は、子どもが目標を持てるようサポートすることです。

ここでは、子どもが「自主的に」目標を持つことが重要です。子どもの頃の目標は、大人のそれとは違い、夢や憧《あこが》れの要素が強く、具体的なプランなどが伴うものではありませんが、それでも自由に夢を語らせ、子どもの求めに応じていろいろなことにチャレンジさせることが必要です。それが、より具体的な目標を持つ基礎になります。

ところが、自分の夢や目標を、なかなか持てない子がいます。その理由をいくつか挙げてみましょう。

### ❶何を目標にすればいいのかがわからない

サッカー選手や野球選手になりたいという夢を持つのは、テレビや雑誌などのメディアを通じて、選手たちの活躍する姿を目の当《ま》たりにし、あんなふうになりたいと憧れるからです。スポーツ、自然科学や社会科学、囲碁《いご》や将棋《しょうぎ》などのゲームまで、世の中にはさまざまなものがあることを体験させてください。そして、子どもの夢を否定しないでください。お前にはできるはずがないと、決して言わないでください。たとえそれが親から見て、とんでもないことであったとしても、「なれたらいいねぇ」と、喜んで受け止めてください。

## ❷押しつけと感じさせている

夢を語ったり目標を持ったりするのは、本来、楽しいもののはずです。ところが、大人の中にも、目標を持つのは苦手だという人がいます。それは、目標を持つことを押しつけられたからではないでしょうか。「目標を持って、それに向かって努力するべし」と言われたら、誰だって億劫《おっくう》になってしまいます。押しつけずに夢や目標を語らせてください。

## ❸責任を取らせようとする

「あなたがやるって言ったんじゃない！」と子どもに言ったことはありませんか？　子どもが何かをやりたいと言って、始めたのはいいのですが、親の思うような結果を出さなかったり、途中でやめたいと言い出したりすると、親はついこう言います。こうした苦い経験をしてしまうと、やりたいことがあっても口にしないほうが安全であると学びます。やりたいと思っても、もう目標を口にはしなくなるでしょう。

## ◎目標を持つためのサポート方法

子どもにとって、夢や目標は成長の道しるべです。目標を持って進んでいくプロセスに、大きな学びがあるのです。したがって**親の役割は、子どもが夢や目標を持ち、そのプロセスを楽しめる環境をつくること**です。そのために、どのようなことが必要か、挙げてみましょう。

### ❶スモールステップで

子どもの実力の現状からかけ離れた目標は、力を発揮するのが難しいものとなってしまいます。現状を把握したら、できそうな範囲内で、適切な目標設定を援助してください。

とてつもなく大きな、難しい目標を言い出したら、「できるわけないだろう」と否定するのではなく、「じゃあ、まず○○から始めてみようか」と、スモールステップに落とし込んで提案してみてください。また、ある程度の年齢になっていれば、「じゃあ実際には、どうやろうと思うの？」と、より具体的な考えを本人に話させるのもいいでしょう。スモールステップで、たくさんの「やった！」を積み上げた子どもは、自分のやる気を育てることを健全に学んでいきます。

## ❷子どもがやり始めたことに興味を持つ

子どもがやり始めたら、どのように取り組んでいるかに関心を示してください。子どもの努力に興味を持って、目標の達成を楽しみにしていることを知らせます。時々はきちんと話を聞くようにしましょう。そして、子どもの努力を認めます。もし努力が足りないと思っても、「がんばっているね」とひと言、子どもの取り組みにねぎらいの言葉をかけてください。努力が足りないとすれば、もう子ども自身がよくわかっているはずです。「がんばっているね」と言われた手前、もうちょっとがんばろうと思うものです。

## ❸情報を提供する

子どもが手にすることができる情報の量と質には限界があります。そこで、コーチである親が、子どもが持っていない情報を提供します。同時に子どもにはない見方も伝えます。それは、命令したり、強要したりすることではなく、子どもの選択肢を増やすためのものです。押しつけないやり方で、親の意見を言うことが大切です。次に例を見てみましょう。

### ◎中学受験は親がペースメーキング

私がペースメーカーとして娘の中学受験をサポートした経験をお伝えしましょう。彼女が小学校四年生のときに、中学進学について話しました。公立校への進学以外に、私立への進学の可能性があること。私立を受験する気があるのなら学習塾へ通ったほうがいいことなどを話しました。娘は受験、学習塾と聞いて、やったことのないことに興味を示しました。そして受験すると言い出します。

娘の性格は、興味を持ったことに関しては掘り下げるタイプですが、興味がないとまったく無頓着《むとんちゃく》です。面白そうな学習塾へは行きたいけれど勉強はしたくないというのが本音だったのでしょう。塾へ通ってはいるものの成績が上がる様子はなく、コツコツと取り組む様子もありませんでした。私の戦略は、塾の成績に関しては口を挟《はさ》まず、受験半年前の短期集中で合格を狙《ねら》うことでした。

六年生の夏休みに入るとき、受験の希望が変わらないかどうかを確認し、私がどのようにサポートができるかを話し合いました。結果、夏休み中に彼女は理科の問題集を一冊やることになりました。彼女が何がわかっていて何がわかっていないかを把握するためです。その結果をもとに、秋からはそれらの弱いところを中心に計画をつくり、毎日それと取り組みました。その時点で、わが家の受験勉強に関するルールも決めました。それは、日曜日を「ノー勉強デー」にしたことです。勉強できる日を六日間とし、一日の集中力を高めるやり方です。私の毎日のサポートは、仕事から帰って娘の学習を採点することです。

このように、子どもの年齢に応じて、子どもがやりたいことに対してペースメーキングをすることも重要でしょう。

## ◎あるお父さんのコーチング体験

あるお父さんが、息子の高校受験に対するコーチングの成功例について話してくれました。彼は息子が目標を明確にするプロセスをサポートし、コーチとして高校受験を見守りました。

私の息子は高校受験を控えていました。中学三年の夏、所属していたサッカークラブの夏合宿まで、息子はサッカー三昧《ざんまい》の日々。合宿を終えて受験準備のため塾へ通い始めましたが、八月時点での模擬試験の結果を前に、今後どうするかを息子とじっくり話し合いました。

私は私立を勧めました。三年後にまた受験生活を過ごすより、付属高校で充実した高校生活を送るほうがよいと考えたからです。また、三年間、朝八時半に学校に着くように通うのだから、遠距離は負担になります。通学一時間以内の付属高校を、自分の目で見て選ぶようにとアドバイスしました。

その結果、息子が選んだのは、第一志望＝A学院、押さえ＝H高、度胸試し＝C大付属、記念受験＝K大付属という選択でした。選択として問題はありませんでしたが、彼の実力はこの時点で、押さえのH高校すら心もとない状態でした。

本人は、第一志望のA学院を大変気に入っていました。理由は、英語が好きで、英語教育に関しては進んだ学校であるということ。そして共学で、見学に行ったとき、かわいい女子高生がたくさんいたということでした。

目標が明確になりました。その日から、夏休みの間、大げさではなく猛勉強をし始め、秋の初めには、H高校が合格圏内に入ってきました。この時点で、二度目の話をしました。まずは、夏休みの勉強ぶりを心から認めました。私自身、本当に素晴らしいと感心していたので、その通りに伝えたのです。

次に、残り数カ月をどうするかですが、再度、彼の希望を聞き、A学院への思いを確認しました。この先、人生は長いが、高校受験はあと数カ月で終わるのだから、自分が納得できるようにやってみるよう伝えました。父として協力は惜しまないとも言いました。

私の心配をよそに、本人は充分に自覚しており、あくまでもA学院を狙いたいということでした。彼の猛勉強は続き、年末にやっと第一志望合格率が五〇%を超えるところまでたどり着きました。とはいえ、合格率五〇%は、まだまだ不安なレベルです。正月に三度目の話し合いをしました。

「調子はどう？」

「まだ一カ月ちょっとあるよ。一カ月あれば、まだ成績は上げられるよ」

強気の発言です。驚きました。私はこんなにがんばった経験はありません。

最後の模擬試験の結果、H高校が七五％、本命のA学院が五〇％、K大付属は合格圏外の状態で、二月の受験に突入しました。

結果は、四校すべてに合格。

ここで四度目の話し合いをしました。どこへ入学するかという贅沢な悩みです。本人は第一希望のA学院。母親はK大付属です。私のスタンスは、あくまで本人次第ですが、ちょっと誘導した感もあります。こうアドバイスしました。

「A学院大学、K大学ともによい大学だ。大学で何を勉強するのか、また、大学卒業後、何がしたいのかというビジョンが明確なら、自分が気に入ったほうへ進むのがよいと思う。もし、まだ自分のビジョンが明確でないのなら、選択肢を広く持っていたほうがよい。その意味ではK大付属だろう。もう一度、両校を見て、決めるように」

息子の快挙に、学習塾が親にインタビューを依頼してきました。タイトルは「奇跡の四連勝」。親としてどのように接することで、やる気を維持し、あのような成績の伸びを可能にしたのかを聞かれたのです。

たしかに、もとの成績と比較すれば、息子の成果は奇跡でした。ひとつ言えることは、私も妻も受験勉強中の彼に「がんばれ、がんばれ」と言わず、ただ見守っていたことです。必要なときに話を聴き、息子の可能性を引き出すアドバイスをしただけです。妻は心配で仕方なかったと思いますが、彼女もよく辛抱しました。合格を手にした息子に私が言ったのは「俺は君を誇りに思う」でした。これしか言えませんでした。

成功の秘訣《ひけつ》ですが、そこには親の力など存在しないということはたしかです。一方で、親がよかれと思ったことが、実は子ども本人の邪魔をしてしまうということは、大いにあると思います。

すべては、本人の意思・決意以外の何ものでもありません。親の仕事は、本人が気づいていない可能性に気づき、決断できるように、必要最低限の情報を提供することと、必要なときに話を聴いて、そして、静かに見守ることではないでしょうか。

私は息子にもよく言います。親の仕事は、子どもが育つのを邪魔しないようにして、そして、できることを支援することだから、何を支援してほしいのか伝えるのは子どもの責任だと。もちろん、親は常に聴く姿勢を持つ。そして、理解するし努力もする。けれど、これはお互い好きじゃなきゃ辛《つら》いよ。俺《おれ》はお前のこと好きだよと、たまに言葉にして言っています。忙しくても、週末の一〜二時間はコミュニケーションの時間をつくる努力も続けています。

このお父さんはコーチ役に徹しました。なぜ、こうしたことが可能だったかというと、体験談には書かれていない、それ以前の彼と息子の関係が前提になっています。息子さんはサッカー少年。サッカーに夢中の息子につき合って、忙しい中、休暇を取ってサッカー合宿にも一緒に参加するようなお父さんでした。彼の普段の話しぶりからも、彼が息子を大切に思い、息子が父親を尊敬している様子がよくわかりました。その関係が、この成功体験を可能にしたのだと思います。

うちの子どもは集中力がないから、こんなにうまくはいかないと思う方がいらっしゃるかもしれません。そんなときは、次節で述べる学習の習慣づけを参考にしてください。

子どもといい関係をつくり、幼いうちから少しずつ習慣づけることで、子どもは持てる能力を最大限に発揮することができます。うちの子どもはもう小さくないという場合でも、次のセルフコーチングのワークを参考に、何ができるかを考えてください。必ずヒントが見つかるはずです。

セルフコーチング10

# 子どもを観察する

## あなたの子どもはどんな子ですか?

子どもを観察して、自慢したいことと、気になることを、それぞれ二〜三項目挙げてください。そして、何をもってそう思うのかを、具体的に挙げてください。

〈例〉

【自慢したいこと】

やさしいところ

【何をもってそう思うのか】〈具体的に〉

先週風邪を引いて寝込んだとき面倒を見ようとしてくれた

「手伝おうか」と言ってくれる

「お母さん、大好き」と愛情表現をしてくれる

【気になること】

引っ込み思案

【何をもってそう思うのか】

失敗することを怖《こわ》がって、自分のほうから出ていかない

自分を表現する言葉を充分に持っていないのか口数が少ない

先生からもっと発言ができるといいと言われた

赤ちゃんのときから怖がりなタイプだった

人をやる気にさせる基本的な方法は、相手がどんなときにやる気になるかを発見し、うまくそのときをのがさないことです。

そのためにも日頃から、わが子がどんな子なのかを、よく観察しておきましょう。

## 2 子どもの行動を習慣づける

### ◎勉強嫌いにさせないことが第一

親の悩みのひとつに、子どもの学習があります。「勉強しなくて困っています」と嘆く親の話をよく聴いていくと、勉強の習慣づけがうまくできていない様子が見えてきます。親が干渉《かんしょう》しすぎて子どものやる気をつぶしてしまったケースや、親ががまんできずに放り出してしまったケースなど、さまざまです。

学習は、子どもが最低でも九年間、多くが十二年間、大学に行けば十六年間つき合う日々の営みです。そして、子どもの人生の進路にも大きな影響を与えます。この営《いとな》みがうまくいかないと、子どもは長い期間、苦しむことになります。

いつも最高とはいかなくても、その子なりの「まずまずの成績」を取ることは、子どもの有能感を高めることに大いに役立ちます。子どもが小学校中学年ぐらいになってくると、親も成績を気にし始めます。すると、いきおい親は、「宿題したの？」「勉強は？」と声をかけるのですが、習慣づけをしないままそこに至ると、子どもにとってはうるさい声かけ以外の何物でもなくなってしまいます。親も、毎日そんな声かけをしなければならない状態に、うんざりしてしまいます。

そうなると悪循環です。言われてもやらない子どもと、うんざりしながら言い続ける親。この状態では、子どものやる気を引き出すことは難しくなります。それどころか、やる気はどんどんなくなっていきます。

ここでは、学習に焦点を当てて、やる気を高めるサポートの仕方を考えてみたいと思います。

まず、家庭学習を「習慣的行動」ととらえましょう。子どもが自ら興味を持って、自発的に勉強するということもありますが、放っておいて自分でやることは期待しないほうがいいでしょう。最初は親が意識して習慣づけをサポートする必要があります。

学習習慣は、他のどの生活習慣とも同じで、幼い頃に身につければ、生涯にわたって子どもの生活を助けます。朝、自分で起きる、時間に間に合うよう登校する、約束を守る、親を手伝うなどと同じように、学習も子どもが身につけるべき生活習慣のひとつです。

習慣づけるというのは、そんなに意識することなく、無理なくできるようになることです。お風呂《ふろ》に入ったり、歯を磨《みが》いたり、化粧をしたりするのと同じで、好きでやっているわけではなくても、やらないと気持ちが悪い、やらないと落ち着かないものです。学習も、一日のうちのどこかで終えなければならないものと位置づけ、子どもが取り組めるようサポートしましょう。

小学校低学年においては、最初は一日五〜十分、勉強するというより、「今日は学校でどんなことをしたの？」というところから始めてみましょう。そして、宿題が出るようになれば、宿題をきちんとやる習慣づけに取り組みます。学年×十分（一年生なら十分、三年生なら三十分）程度を目安に、

「さあ、宿題やりましょう」と、一緒に取り組む姿勢を見せてください。

この時期は、学習姿勢の習慣づけを重要に考え、勉強嫌いにさせないことが、何より重要です。このとらえ方は消極的な印象があるかもしれませんが、何はともあれ、嫌いでなければ取り組むことができますし、取り組めさえすれば、それを楽しいものにすることは可能です。

ところが、この時期に無理強《むりじ》いしていろいろやらせると、本当にその力が伸びる時期に、すでに勉強嫌いになっていることが考えられます。それではかえって、子どもの可能性をつぶすことになりかねません。あまり長時間やらせないように、押しつけず、無理なく取り組める環境をつくることが大切です。

宿題のない日は音読や読書でも構いません。机に向かって、静かに何かに集中することを教えることが大切です。一日五分から三十分。これは子どもより、親の忍耐が問われるのかもしれません。親も子どもと過ごすその時間を捻出《ねんしゅつ》しなくてはなりません。特に働いている親にとっては、簡単なことではありません。

わが家の場合、子どもが低学年の頃は、おばあちゃんが宿題につき合ってくれました。中学受験やその後、中学生になってからの学習サポートは、寝る前にその時間を取ったものです。学童保育を利用している家庭では、学童保育で宿題をするよう習慣づけをして、夕食後、親がその内容を子どもと一緒に確認するというやり方もあるようです。家庭の事情もさまざまですから、どの時間を一緒に過ごすかを、親子で決めるといいでしょう。

子どもの学習時間への取り組みを親自身が自分に習慣づけようとしているとき、その真剣さは子どもに伝わり、子どもも集中してやろうとするものです。つまり、子どもが学習の習慣づけをするときは、親も一緒に、そのサポートを自分に習慣づけるときであると考えましょう。

## ◎やる気を持続させる学習法

最初の五～三十分に、やる気をいかに高くできるかを考えましょう。低学年の頃に、この時間が楽しい時間として認識できれば、子どもにとって習慣づけは難しくありません。

まず、親からの「さあ、宿題しましょう」という声かけが、子どもにとってうれしいものであることが大切です。習慣づけがうまくいかないのは、この時間がイヤな時間だからです。この時間が子どもにとって拷問《ごうもん》であれば、勉強嫌いになるのは当然のことです。具体的な方法を見てみましょう。

### ❶楽しい気分で声かけをし、楽しい時間を演出する

「字が汚い」とか「また間違った」と文句を言うのではなく、よいところ、できているところを探してください。丁寧《ていねい》に書けている字を探して、「この字はきれいに書けているね」と、できていることを指摘します。できていないところは「これ、もう一度やってみようか」と再度やらせればいいのですから、叱る必要はありません。そして、完璧《かんぺき》を求めないこともポイントです。

### ❷時間を短く区切り、意識させる

ダラダラやるようなら、キッチンタイマーやストップウォッチなどを用意し、「では、ここまで二分でやってみましょう。よーい、ドン！」と、ゲーム感覚を取り入れながら、短い時間でできるように意識させます。二十分、三十分と集中することは難しくても、細切れにすれば、集中力もやる気も持続します。

### ❸音読などはお芝居気分で

乳幼児の頃からたくさん絵本を読んでもらってきた子は、音読が上手です。絵本の読み聞かせをあまりしなかったのなら、子どもの音読から一緒に始めてはいかがでしょう。親がナレーターか俳優になった気分で音読すれば、子どもも「私にもやらせて」と〝ごっこ気分〟で楽しむでしょう。

### ❹子どもに考えさせる

親が教えるつもりになって、講義などをしないことです。わからなかったら、ヒントを与えながら、子どもに考えさせましょう。「自分で考える」ということをさせないと、結局、一緒に時間を過ごしても、自分で考えることが習慣づきません。ヒントを与えて「わかった！」というその瞬間に、「そうだね。よくできたね！」と笑顔と言葉がけを忘れないことです。わかること、学ぶことの快感を体験させるのです。

### ❺「できる」ではなく「やる」を認める

まずは「やること」自体に焦点を当て、それを認めていきましょう。最初から「できること」に焦点を当ててしまうと、できないときにやる気をなくしてしまいます。「はい、よくやりました」とやったことを認め、内容を確認して、間違っていたら、「これはおしいですね。もう一度やってみましょう」とやり直しを促《うなが》します。

**❻長くやらせない**

宿題や課題が終わったら、「お疲れさまでした。よくがんばりました」と終わりにします。今日は調子がよさそうだからと、あれもこれもと課題を増やさないこと。もっとやりたいくらいのときに終えたほうがいいでしょう。集中力を高める方法のひとつです。

**❼続けられていることを「見える」化する**

たとえばカレンダーにシールを貼《は》るとか丸をつけるとか、毎日やっていることを確認できるようなものがあるといいでしょう。シールを貼ることが日々の目標になってもいいと思います。ちょっとした演出でも、子どものやる気は高まります。

**❽学習に関係のない好奇心も大切に**

マンガでもゲームでも、昆虫でも工作でも、子どもが好奇心を持つものは、たとえ親の価値観に合わなくても、その芽をつぶさないことです。ゲームを一日何時間もやるのは感心しませんが、子どもがやりたがるのであれば、ルールを設けてやらせるのもいいのではないでしょうか。

第2章第4節で「アメとムチ」の話をしましたが、学習の習慣づけのときほど、アメが役に立つときはありません。

この場合のアメとは、親の笑顔と、うれしい言葉と楽しさです。低学年であるほど、親の工夫でその短い時間を楽しいものにすることは難しくありません。親の笑顔と、うれしい言葉と楽しさという外発的な動機づけをうまく活用し、学習時間を子どもの中に内在化することで、いつか子どもは、勉強自体にそれほどの興味はなくとも、やるべきものとして自力で取り組むようになります。

繰り返しになりますが、「できる」ことに焦点を当てすぎないよう気をつけてください。幼いときほど、できるかどうかではなくて、やることに意識を向け、やることを喜ぶことが大切です。できることに意識を向けすぎると、親もどうしても、できないことが気になります。子どもにしてみれば、できないことを叱られて完全を求められると、叱られるくらいならやらないほうがましと、やることにさえ抵抗を示すようになります。これでは、学習に対して無気力な状態を、親がわざわざつくっているようなものです。無気力にさせておいて、「やる気がない」と追い討ちをかけては本末転倒《ほんまつてんとう》、子どもはますますやる気を失ってしまいます。

**◎習慣づけのタイミング**

最初は親の肯定的な言葉がけなど、外発的な動機づけで始まりますが、しばらくするとそれが内在化し、子どもは自分からノートを出したり教科書を出したり、机に向かったりするようになります。「三日坊主」とか「石の上にも三年」とか、習慣づけに関しては「三」が関係するように言われています。三週間なのか三カ月なのか、三年なのか？　様子を見ながら進めます。

そして、肯定的な言葉がけを少しずつ減らしていくことです。「よくできたね」「がんばったね」などのほめ言葉を減らし、より具体的に、「辞書をうまく使えるようになってきたね」とか「放課後、先生に教えてもらってわかったんだ。よかったね」などと、何がよかったのかを具体的に指摘するようにしてください。

そして、子どもが自分でやる気になるほどに、ほめ言葉はここぞというときにだけ、しかも短く、心から伝えるように心がけてください。

理由は二つあります。ひとつは、第2章で述べた通り、自分でやる気になっているときに過剰《かじょう》にほめられると、子どもはコントロールされているような気分になってしまうからです。それがイヤで、急にやっていたことをやめてしまう危険性があることを忘れないでください。

もうひとつは、何でもほめていると、具体的に何をほめられているのかがわからず、伸ばしたい力を効率よく伸ばせないのです。たとえば、「辞書をうまく使えるようになってきたね」と言われると子どもは、「辞書を使ったに教えてもらうことがよかったんだ」と、もっと辞書を使おうとします。「放課後、先生に教えてもらってわかったんだ。よかったね」と言われると、その行動がよい結果につながったのだとわかります。そして、疑問があれば先生に質問するようになるでしょう。

つまり、強化したいところだけをしっかりと押さえるのです。ここに、子どもとよく会話をし、子どもをよく観察している親の強みがあります。それにより、子どもが今日何をしたか、今、何をしているかがよくわかるからです。聴いていて、親が「それいいな」と思ったことや、もっとやるといいと思ったことを、すかさず言葉にします。

これは学習面においてのみならず、その他の生活習慣においても同じです。やらないことをうるさく「やりなさい」と言い続けるより、一回やったときに、その機をとらえて、「ありがとう。あなたが手伝ってくれるから本当に助かるわ」とひと言伝えれば、一〇〇回うるさく言うより、はるかに効果があるのです。

習慣づけのタイミングに関して、改めてまとめてみましょう。

人間はさまざまな体験に基づいて、その情報を記憶の中に片づけていきます。そして、その記憶の中にある情報に従って、日々の感じ方が決められ、それによって行動も影響を受けます。

たとえば、私の娘はあんかけが苦手です。その原因は、ある日、給食であんかけハンバーグを食べた後、具合が悪くなったことでした。給食が彼女の体調を崩す直接的な原因ではなかったかもしれませんが、彼女の脳には、あんかけと具合の悪さが連結した状態で記憶されてしまいました。それ以来、もともと食べられたはずのあんかけを見ると、彼女の中に具合の悪さがよみがえります。だから彼女はあんかけを食べません。

こんな体験は誰にもあると思います。何らかの体験によって苦手なものができてしまう。これと同じメカニズムで、得意なものや、やりたいことも育っていきます。

つまり、**学習をしているそのときとうれしい気持ちを連結した状態で子ど**

**もの脳に記憶させることで、子どもは学習に向かうようになる**のです。そのときの子どものうれしい気持ちとは、親がそばにいる感覚や「よくできたね」という言葉、あるいは安心感です。そして、嫌がらずに学習する子どもは、いずれその時期が来ると、自分の興味の領域を見つけます。そうなれば、子どもは自分の意思で「がんばろう」と思います。それまでに、勉強嫌いにさせないこと、せめて親としては、そのくらいのサポートはしたいものです。

# 子どもの行動を習慣づける

## 子どもへのコーチング

子どもの行動の中で、習慣づけてほしいと思うものを特定してください。

①その行動をしている瞬間を見つけて声かけをします。どのように声をかけますか?

②そして、その結果、何らかの変化に気づいたら、それも記入してください。やった結果も記入してください。

(例1)小学校五年生の娘が、食後、食器を下げてくれる

↓その瞬間の親の言葉「いつもありがとう、助かるわ」

〈結果〉その瞬間は、特別な反応はなかったが、食後すぐに自発的に宿題に向かった

(例2)中学一年の息子が体操服を洗濯カゴの中に見つけた

↓その瞬間の親の言葉「入れておいてくれたのね。ありがとう」

〈結果〉「ああ」と言っただけ。特に変化なし

親は、子どもがしていないとき、できていないときに文句を言いますが、そうすると、子どもは余計にやらなくなります。

よい習慣づけのコツは、やったときにプラスの言葉がけをすることです。やれば気持ちのいい反応が返ってくるとわかれば、子どもも気持ちよくやることを選びます。それが続いたとき、習慣となるのです。

# 3 思春期の子どもには……

## ◎習慣づけにはもう遅い？

ここまで読んできて、「うちはもう遅いわ」と思っている方もいらっしゃるかもしれません。たしかに、習慣づけは低学年のうちにやっておくと、高学年になる頃には、コーチとして必要な場面での声かけだけで済むので、親としても安心です。

幼い頃から絵本に親しんでいれば、文章読解力を自然と身につけているでしょう。言語に対する基本的な力を身につけていれば、どんな科目の問題を解くにも役に立ちます。基本的な計算力が身についていれば、より高度な問題にも取り組めます。ですから、習慣づけは幼いうちから始めたほうがいいでしょう。

ところが、気がつけば、子どもはもう思春期の入口。これまでよりも反抗的になって、ますますつき合いづらくなっている。しかも、学習の習慣はついていない……。そんなケースもあるかと思います。でも、あきらめるわけにはいきません。あきらめる必要もありません。これからです。

子どもに対するあなたのこれまでの接し方を振り返ってみてください。愛情は充分に伝わっていますか？　子どもの領域を侵すことなく、一人の人間として尊重し、接してきましたか？　子どもは人の役に立つ喜びを学んでいますか？　もし充分でなかったとしたら、親として、あなたが今後、子どもにどのように接していく必要があるのかを考えてみてください。

**子どもを何とかするより、自分のやり方を変えるほうが先です。子どもは柔軟です。あなたの対応が変われば、子どもも変わります。不安を感じることはありません。ただし、時間がかかることは覚悟しておいてください。**

時々、「教えていただいた通りやりましたがダメでした」と言う親がいます。まるで子どもが機械仕掛けのロボットのように、別のスイッチを入れればこれまでと違う動き方をすると思っているようです。子どもはロボットではありません。一回だけ違うやり方をしたからといって、急に違う反応を示すということはありません。子どもは、習慣づけられてきたようにしか動きません。

これまでに身につけた習慣が、親に対して反発することなら、親が何をやっても子どもはしばらく反発を続けます。それが習慣というものです。何をやっても「ダメ、ダメ」と言われて無気力を体験し続けてきた子どもが、突然やる気になるということもありません。十年間、十五年間と習慣づけてきたものは、一回で変えようとしても難しいでしょう。じっくりと取り組む覚悟が必要です。

あるお母さんは、高校生の娘への接し方が効果的ではなかったとはっきり認識し、娘への態度を大きく変えました。

母親の態度の変化に、子どもは今さらと抵抗しましたが、お母さんは、新たに学んだことに沿って忍耐強く娘との対話を続けます。十五年以上もかけて習慣づけてきたことがいっきに変わることはありません。

一年が過ぎた頃、ある日、娘と夫が大喧嘩《おおげんか》をしました。お母さんは最初オロオロしますが、実はこれが娘にとっての自分自身のやる気を取り戻す大きなステップだったことに気づきます。親に向かって自己主張を始めた娘の人生は、ここから変わっていくのです。お母さんの忍耐が実を結び始めました。娘は不登校から立ち直り、その後大学受験を目ざします。

まずは、日常のコミュニケーションに意識を向けることから始めてくださ い。子どもの話を聴くことから始めてください。きちんと子どもに向き合って、子どもの言葉に耳を傾けます。無視しないことです。親は自分のやっていることが無視だとは思わないかもしれませんが、たとえば「あとでね」と言って、フォローがなかったら、子どもは無視されたと感じます。一人の人間として真摯《しんし》に対応することが大切です。そして、子どもの話を「でもね」「何言ってるの」と否定しないでください。まずは受け取ります。

子ども「どうせ僕なんか、勉強したっていい成績取れないよ」

親　「そんなことないわよ。あなただってやればできるんだから」

これは否定です。子どもの気持ちを受け取っていません。子どもはやる気にはなれません。

子どもが、こういうことを言うときの気持ちを想像してみてください。内心望んでいることは何でしょう。本当はどうありたいと思っているのでしょう。「もっとできるようになりたい」「いろんなことに自由に挑戦したい」といったことではないでしょうか。その気持ちを察して、それについて話し合うことが求められます。

親　「もっといろんなことに挑戦したい、できるようになりたいって、そう思うんだよね」

と受け取ってみてはどうでしょう。

受け取ることを丁寧に続けていくと、子どもの中には自然なやる気が湧《わ》いてきます。勉強であれ何であれ、何かに具体的に取り組ませるのは、その後です。

## ◎子どものいいところを探そう

もうひとつ心がけたいことが、子どものいいところを見つけ、それを具体的に子どもに話すことです。

思春期の子ども、特に中学生くらいになる子どものいいところを見つけるのは、難しいことかもしれません。ついこの間まであんなにかわいかった子どもが口を利《き》かなくなり、何かコソコソとしているような、秘密を持っているような様子に見えるかもしれません。あまり話してくれなくなるので、その様子はつかみづらく、とてもいいところなんて見つからないと思ってしまうかもしれません。

幼かった頃、子どもは人が自分をどう見るかを、あまり気にすることはありませんでした。人にどう見られるかを気にするほど、子どもの意識は広くなかったのです。幼い子どもはその瞬間を生きていますから、昨日喧嘩した友だちとも、ちょっとしたきっかけがあれば、わだかまりなく遊べるのです。

ところが思春期になると子どもの意識は広がり、将来のこととか、自分の今の生活レベルとか自分の成績とか、いろいろなことが現実的に見えるようになってきます。自分をある程度評価できる子どもはいいのですが、そうでない子どもは、自分はたいしたことはないと考え、それが、大変なストレスになります。だから子どもは、自分に不安を感じるようになるのです。自分はこれでいいのだろうか、このままでいいのだろうか。この時期の子どもは非常に不安定です。

親から離れ、自立していこうとするそのときに、子どもが一人の人間として大きな不安を抱えているというのは、なんとも皮肉な感じがします。でも、だからこそ、この時期の子どもは、再度、親からの大きな愛情を必要としていいます。

子どもの自己評価を助けるために、子どものいいところを探してください。そして、その子どもの美点とつき合うことです。子どもの仕掛けてくるバトルに、ムキになって応じないことです。この時期こそ、第3章で述べたように、子どもを海外から預かっている留学生と思い、異文化交流での理解に努めましょう。そして、日常のふとした会話の中で、「あなたのそういうところが、私は好きだわ」「お前はやさしいからな、かっこいいぞ」などと、言葉にして伝えましょう。

### ◎言葉以上に伝わるもの

私の仕事での出来事です。あるメーカーでのキャリアを考える研修に、一人の女性が参加してきました。この会社は、この研修を必須《ひっす》にしており、ある時期の人たちは皆、研修を受けなければなりません。

彼女は気が進みませんでした。研修自体を面白いと思ったことがなかったし、その上、会社に参加しろといわれた研修など、気が進むはずがありません。そんなスタートでしたが、プログラムが進むにつれ、彼女は自分の働き方を振り返り、自分の将来のビジョンを見始めます。将来、会社でどのような活躍をしたいかを問われると、彼女は自分の夢を語り始めます。それは、これまで見せていた、ちょっと消極的な、控えめな、与えられたことをこなしていくという以上の働き方です。

彼女は、生産設備の設計管理を、もっとサポートできる自分でありたいと語ります。そのありたい姿を見据《みす》えて、近い将来に何が必要かを考えたとき、それは職場の環境整備であると彼女は考えました。今後は、データベースを利用したIT技術が頻繁《ひんぱん》に必要とされるだろう。そんな中で、自分が職場の役に立つためには、データベースやIT技術に関する知識が必要であると彼女は考えました。

そこで彼女が決めたのは、まず次の一カ月間、毎日空き時間を利用して本を読むことでした。一冊はデータベースに関する雑誌、もう一冊はソフトウェアの開発工程管理の専門書です。彼女には、朝、子どもを学校に送り出した後、出社するまでの間に少しの時間がありました。キッチンタイマーをセットして、二十分ほどの時間を読書に充《あ》てたのです。

さて、ここからが本題です。十三歳になる娘が、彼女の行動に興味を持ちました。彼女はこれまで、家で仕事をする姿を見せたことのない母親でした。娘は、「ねえ、何読んでいるの？」と近づいてきました。彼女は何も言わずに、本を見せたそうです。「ふぅーん」。お母さんが難しい本を読んでいるのが意外だったと同時に、感心もしたようです。

彼女は毎日続けます。読書した日はカレンダーに丸をつけました。ちょうどその期間は、年末年始だったのですが、丸がついていない日は、元日と二日だけでした。それ以外の日は、毎日、彼女は読書を続けました。

するとある日、気づいたことがありました。彼女が使うキッチンタイマーが、彼女がセットしない時間にセットされています。聞いてみると、娘が、お母さんがキッチンタイマーを使って集中してやっているのを見て、自分もやってみようと思い、四十五分に設定して、勉強で試してみたとのこと。別に、娘に見せようと始めたことではありませんでしたが、意外にも娘は母親を見ていたようです。

研修のフォローアップの前に、彼女は自分の取り組みをまとめ、研修での発表に備えようと、自宅でノートパソコンをひらきます。食後、食卓でそれを見ていた娘が思わず、「お母さん、かっこいい！」と声を上げたそうです。

彼女は、自分のやっていることが子どもに及ぼす影響に気づきました。自分のテーマに取り組んでいただけなのですが、その姿を見た子どもが、やる気を出して自分の取り組むべきことに取り組んでいる。「私のやる気と一緒に、子どものやる気もいっそう上がったようです」。彼女は笑顔でそう話してくれました。

人間は、モデルから学びます。子どもの話し方が、親そっくりだと思うことはありませんか？　声が親に似るのは、骨格などの遺伝的要素にもよりますが、話す仕草など、親を見て、いつの間にか親をモデルにして、それと同じように振る舞うのです。特に、親子の関係が良好な場合は、その影響は強いようです。大好きなお父さんやお母さんがやっているのを見て、無意識に子どもが真似るのです。

**親子の関係を良好に保ち、親が日々の生活の中でやる気を見せることで、その姿を見て子どもは、自分の生活においてもやる気を発揮します。親の姿は、「がんばれ」「もっと勉強しろ」などのどんな言葉よりも、強力に、しかも自然に子どもの後押しをしてくれるようです。**

# 思春期対応

セルフコーチング11

## あなたは思春期の子どもの何にイライラや不安を感じますか？

思春期の子どもに対しては、親の側の安定感が重要です。子どもがバトルを仕掛けてきても、ムキになって応戦しなくてもいいように、事前に、あなたの子どもに対するストレスなどに気づいておいてください。

子どものどんな態度や行動に、カッとなったり、イライラしたりしますか？　どういう言動に不安を感じますか？

（例）ドアを力任せに「バタン！」と閉めたとき
丁寧にお願いしているのに、無愛想に返事もしないとき
試験前だというのに、ダラダラとテレビを見ているとき

私たち親は、自分の思春期時代を忘れています。でも、あなたが子どもに対して持っているいらだちや不安は、あなたの親があなたに対して感じていたものと、そう変わりはないはずです。

そのとき、あなたの親はどのように対応しましたか？　それを思い出せば、あなたはもっとうまく対応できるはずです。

# 第5章

# 子どものタイプに合わせたコーチング

## ◎なぜ、この子はこうなの？

あるお母さんが、子どものことで悩んでいました。もともと変わった子だとお母さんも思っていましたが、学校の先生から言われて、お母さんは悩み始めます。周りと協調できなくて、時には自分勝手と思える言動がある。機嫌のよいときはそうでもないが、悪いとまったく他を寄せつけないところがある。「マイペースですね」という先生の言葉は、暗に、おたくの子には性格的に問題があると言っているようにも思えてきます……。

どんなお子さんですか？　と聞くと、やる気を見せることもあるのですが、何か特別な世界観を持っているようで、一人で物思いに浸《ひた》ることが多く、よく、絵を描いたりしているとのこと。気に入らないことがあるとすねて、一人で引きこもってしまう。先生に言われたことを子どもに伝えてみても、これといった反応がなく、何を考えているのかよくわからないとお母さんは嘆《なげ》きます。

また、やる気は高いのに、そのやる気を微塵《みじん》も勉強に向けない息子にいらだっているお母さんもいました。二人のお子さんのうち、下の女の子は計画的で、学習面でも何の心配もないのですが、長男はイヤなことは絶対にやろうとしない。宿題を終える五分、十分ががまんできず、遊びに飛び出していきます。小学校時代はそれでも親がついて宿題をやらせましたが、中学生ともなるとそうもいかず、困っているとのこと。「勉強しなくても何とかなる」と思っているようだと、お母さんは困り顔です。

親が子どもの性格に関して悩むときは、必ずと言っていいほど、頭の中にある理想のイメージを描いています。いつもはつらつとしていて、成績もまずまず、スポーツに熱中し、習い事もこなし、友だちもたくさんいて、よく遊び、親の手伝いもよくする……。そんな子どもに育ってくれれば、誰も苦労はしませんよね。

でも、そのイメージが落とし穴になっていることに気づきましょう。そうした勝手なイメージは、子どもの気質ではないのかもしれません。人は、それぞれの気質を持って生まれてきます。

たとえば、幼い頃から何でも手早くできる子と、何につけ時間がかかる子がいます。とにかく元気な子と、静かで落ち着いた子がいます。何にでも自分から近づく子と、相手が来るのを待つ子がいます。この差は、子どもの気質によるものが大きく、簡単にそれを変えることはできません。

人の性格はいろいろです。それを頭でわかっていても、実際に理解のできない人に出会うと、私たちは戸惑《とまど》います。しかも相手は自分の子ども。父にも母にも似ないこの子はいったい誰なの？　と私たちは戸惑ってしまいます。

本章では、子どもの性格の違いをよく理解して、それぞれの性格のやる気のツボを押さえることを提案します。押したほうがいいツボと、押さないほうがいいポイントを知っていれば、一人ひとりの子どもとつき合うことがもっと楽になります。弱点を前面に出しているときはやさしく包み込み、ここぞというときにやる気のツボを押すコツを知っていれば、私たちはもっと、子どものやる気をうまく育てることができるのではないでしょうか。

自分と人の性格を理解し、自分自身とうまく、そして、人とうまくつき合うために紹介するのが、エニアグラムです。エニアグラムは、主にカウンセリングやコーチングの分野で実用性を高く評価されています。教職者や医師などに続き、企業も研修に取り入れ始めています。人間の性格について説明する理論として、私が学んできたものの中でも特に説得力の高いもので、今までに多くの親御さんの役にも立ってきました。

自分について、そして子どもについてよく知ることで、タイプの違いから生じる不要な摩擦《まさつ》を軽減することができます。とても興味深く実用的なので、自分と子どもの性格の謎解《なぞと》きをする気分で読んでみてください。

## ◎エニアグラムとは

「エニアグラム」という言葉はギリシア語で「九の図」という意味で、円と、円周上の九つの点を結ぶ直線からなる象徴図形を指します。

エニアグラムは古代ギリシア哲学にそのルーツを持ち、最新の心理学と融合しながら発達してきました。細かい内容は研究者によって異なりますが、ここでは、ドン・リチャード・リソ氏とラス・ハドソン氏の研究に基づいて説明します。

エニアグラムでは何を恐れ、何を求めて動くかによって、性質を九種類に分類します。すべての人は、九種類の性質すべてを備えていますが、その中でもっとも頻繁《ひんぱん》に表れるものがひとつあり、その人はその性質に「囚《とら》われている」ということになります。これがその人のタイプとなります。

それぞれのタイプはとてもユニークで、自分と異なるタイプの人の価値観や考え方、行動のパターンについて理解するのは簡単なことではありません。本章ではそれを簡単にまとめています。九つのタイプそれぞれの特徴と、そのタイプの親へのアドバイス、そして、そのタイプの子どもの傾向を紹介していきます。

エニアグラムの目的は、人を分類することではありません。性質に支配されるのではなく、それぞれの性質の特性と、それぞれの人たちを動かす思考のパターンなどを知ることで、「囚われ」から自由になることを目指すものです。

自分自身について知るだけではなく、子ども、あるいは周りの人について、「なぜ、こんなことをするんだろう？」「どうして、こんなふうに考えるんだろう？」という疑問に答えるための大きなヒントとなります。次ページ以降の「簡易タイプテスト」でご自身がどのタイプか、そしてお子さんがどのタイプなのかを知って、ご自分とお子さんの「やる気の向上」に、ぜひとも役立ててください。

（※繰り返しますが、人の性格はさまざまです。あくまでも傾向の把握の参考にしてください）

## あなたと子どものタイプを判定する

まずは、あなたのタイプを見つけましょう。次の【簡易タイプテスト】で、あなたのタイプが判定できたら、各タイプの説明を読みすすんでください。その中で、あなたの子どものタイプが判定できます。

**【簡易タイプテスト】**

二三〇～二三一ページに、グループ①とグループ②の、二つの文章グループがあります。

まずグループ①に含まれる文A・B・Cを読み、その中でもっとも自分の考え方や行動に近いと感じるものを選び、チェックしてください。

続いて、同じように、グループ②に含まれる文X・Y・Zを読み、その中でもっとも自分の考え方や行動に近いと感じるものを選び、チェックしてください。

選ぶときには、次のことに注意しましょう。

**●人生全体を通して見てください**

私たちの行動は、生活の状況や、影響を受けている相手によって変わります。子どものころには親の影響が大きく、大人になれば社会的な役割の影響が大きくなります。ですが、タイプは一生変わることがありません。人生全体を通して見たとき、「幼いころから今まで、この傾向はずっとあるな」と思うものを選んでください。

**●三つの文章を比較して選んでください**

文章のすべてが完全にあてはまるものを探そうとしないでください。三つの文章全体を比べて、細かい部分は違っても、全体として一番あてはまるものを選んでください。

## グループ① あなたの回答……□

A 私は、ほしいものややりたいことがあるとき、じっと待っているタイプではない。自分から動き、主張して、自分の手でつかみ取ろうとする。周りの人と関わるときには、比較的、話の流れに影響を与えることが多い。

B 私は、おとなしい。人よりも多くの時間をひとりで物思いにふけることや考えごとをすることに費やす。周りの人と関《かか》わるときには、あまり自分から近づいていくことはなく、少し離れたところで様子を眺《なが》めている。

C 私は、こうあるべきという意識をはっきり持っている。責任感が強く、気を配るあまり、自分個人のことがおろそかになることもある。周りの人と関わるときにも、自分の役割を知っていて、それを意識しながら行動する。

**グループ②　あなたの回答……□**

**X**　私は、物事は結局なんとかなるのだから大丈夫だ、と思う。楽観的な見積もりが裏目に出て対応が遅れることもあるが、イヤなことばかり考えるより、明るい気持ちでいたほうがいい。

**Y**　私は、実際には、多くの人が思うよりずっと繊細《せんさい》だと感じる。警戒心が強く、マイナスの感情、あるいは本能的なイヤな予感を、強くはっきりと感じる。つねに最悪の事態を視野に入れたい。

**Z**　私は、判断をするとき、感情に左右されたくないので、冷静かつ論理的であろうとする。冷淡だと非難されても、気持ちがどうかということと、問題をどう対処すべきかということは、分けて考えたい。

タイプの判定は次ページです。

## タイプの判定結果

| | | グループ② | | |
|---|---|---|---|---|
| | | X | Y | Z |
| グループ① | A | タイプ7 | タイプ8 | タイプ3 |
| | B | タイプ9 | タイプ4 | タイプ5 |
| | C | タイプ2 | タイプ6 | タイプ1 |

## タイプ１　完璧《かんぺき》を求める人

まじめで、勤勉、品行方正で礼儀正しく、怠《なま》けずにきちんとしなければならないと、自己抑制的な傾向があります。仕事の効率よりは正確さを求め、筋道の通ったことを好み、理性的で堅実です。責任感が強く、一人で片づけようとする傾向があります。

率直で、正義感が強く、間違いによく気づき、その間違いを正そうとして人にアドバイスします。見過ごせない問題があれば、相手が親や先生、上司であっても、率直にはっきり指摘します。

質の高さを重んじて「こうあるべき」という理想を追い求め、完璧な仕上がりになるように努力します。失敗が許せず、間違ったことが起きないように気を配るあまり、人にも自分にも批判的になることがあります。たとえば、約束を守るといったことに対して、とても厳しい考えを持っています。他人が約束を破ったとき、指摘して正したいという衝動に駆られます。ところが、理性的で礼儀正しくありたいと考え、「怒りを表現すること自体が間違っている」と判断すれば、黙ってイライラしているだけということもあります。

また、自分ではできるだけ約束を守ろうとしますが、もし約束を守れないことがあれば、筋道を通せないことに腹を立てて、強く自分を責めます。

### ◆タイプ1の親へ◆子どもに完全を求めていませんか？――

子どもに完全を求めてしまいがちです。実際に物事を進めるために、一〇〇点満点が必要ということはまずありません。八〇点、六〇点でも合格であればＯＫと考え、失敗や子どもの不完全さを広い心で受け止めましょう。

あなたが「ここまでやるべき」と決めたことを子どもができないからといって、とことん「べき」で押していくと、子どもは大変なストレスを感じるかもしれません。ちょっと息を抜いてください。

あなたは問題点をズバリと指摘するので、子どもは怒られていると感じることがあります。たしかに正しいことを言っているのですが、心に突き刺さりすぎて、子どもは素直には受け取れません。あなたが正しいと思うことも、子どもの身になってみれば、たやすくその通りにはできないということもあるでしょう。

正しいことを伝えているのに、正しくない結果に終わってしまっては残念です。指摘する前にまず受け止め、あなたがなぜそれを問題だと思い、どうすればよりよくなると思うかを伝えます。そのときは、「あなたは……」と思う」と私メッセージで言うとつい責めている口調になりがちです。「私は……」とあなたメッセージにして、やさしい雰囲気で伝えましょう。パートナーや友人など、子育てを本音で語り合える仲間を周りに見つけてください。

## ◆タイプ1の子にはどうすればいい？

タイプ1の子が何かをするときは、正確さや質の高さを大切に考えるので、「結果さえよければ」という親の態度には不信感を抱きます。「早くしなさい」「さっさとやりなさい」などの言い回しは、このタイプの子どもを混乱させます。完全主義でもあるので、やる気を出させるためには、自分で基準を設けさせ、始まったら水を差すことなく、思う存分細かいところまでやらせるようにしましょう。

責任感が強いので、一度決めて始めたことを投げ出すことはあまりありません。ただし、細かいところに囚われて、いつまでたっても終わらないことがあります。始める前にはっきりと期限を設けることがポイントです。そして、期限内に終わるようにするために、時々、全体像の確認をすることも大切です。たとえば、夏休みの宿題をするときなど、「五日あれば仕上がるかしら?」などと、計画の段階からの何気ない声かけが有効です。時間に追われるとやる気をなくすので、こまめに急《せ》かすのは厳禁です。

タイプ1の子は、すべてを自分一人で処理したいと考えがちですが、その結果、多くの問題を一人で抱え込むことがあります。自分一人で処理したいという意思を尊重し、手出しをするのではなく、コーチの役割に徹しましょう。状況を説明させ、今、何をしているのかをよく聴くことで、事態の整理に手を貸しましょう。また、常に「こうしてみたらどう？」という提案を心がけ、「こうしなさい」という、決めつけ的な指導は避けたほうがいいでしょう。

## タイプ2　助ける人

親切で思いやりがあり、明るく社交的で打ち解けやすく、所有欲が強い傾向があります。感情的で情熱的です。面倒見がよく、人とのつながりを重んじます。思いやりの心を大切にし、ルールよりも気持ちを優先することがあります。どうすれば人の役に立てるかを考えます。

このタイプの人は、世の中から思いやりやつながりが失われることを恐れ、人々の心をあたたかいもので満たしたいと思っています。人に必要とされることに喜びを感じるあまり、必要以上に「必要とされたい」という思いに駆《か》られることがよくあります。

人のために何かをしてあげることが大好きですが、熱心に世話を焼くあまり、自分のことがおろそかになりがちです。

皆で食事をするとき、それぞれの人の食べ物の好みをしっかり覚えていて、食べたいであろうものを取り分けて配るようなタイプです。箸《はし》が進んでいない人がいれば美味《おい》しいものを勧め、それでも食べないようなら体調を気遣い、空いたグラスがないよう気を配り、みんなが楽しく食事できるよう尽くします。結局、自分が食べられなくても「ありがとう」とさえ言ってもらえれば満足ですが、相手が親切を当然のように受け取って何の反応も示さないと、とたんに気分を害します。

### ◆タイプ2の親へ◆不要なヘルプをしすぎていませんか?

子どもを助けたい、子どもを指導したいという欲求に駆られるあまり、余計な手出しや口出しをしがちです。子育ての目標は、子どもが自立して幸せに生きていけるよう支援することです。ヘルプする前に、子どもが「自分でできるのではないか」と考えてみましょう。

主役は子どもであることを忘れないようにしてください。たとえ相手が自分の子どもといえども、親との境界線をはっきりさせることが、子どもの自立を促《うなが》します。子どもの心に踏み込みすぎないようにすることです。必要以上に子どもに接近している自分を感じたら、立ち止まり、何を求めているかを自分の心に聞いてみてください。

また、関わろうとする割には、子どものことをアバウトにしかとらえておらず、客観的に観察するのが苦手なところがあります。冷静に子どもを見つめ、子どもの強み・弱みを把握しておくと、子どもをサポートするときに役に立ちます。

感情的になってしまい、決めつけることで、子どものメッセージを誤って受け取ることがあります。子どもは、まだ自分の気持ちや考えをうまく説明できないかもしれません。勝手な補足を行わず、話によく耳を傾けましょう。自分の感情を押しつけず、子どもの感情を受け取るために、まずは子どもの言葉を繰り返すやり方が役に立つでしょう。

## ◆タイプ2の子にはどうすればいい？

タイプ2の子が何かに取り組むときには、いい雰囲気の中で仲間と一緒に楽しくできることが大切です。宿題など、一人でやらなくてはならないような課題があるときは、親も何か自分の課題（家事や仕事など）を隣で一緒にやるとよいでしょう。邪魔にならない程度に気づかい、お茶を入れてあげたりすることが、やる気の維持に役立ちます。

好奇心が強く、学習意欲もあるので、最初の動機づけがうまくいけば、あとは一人でも楽しめるケースが多いようです。あたたかい関係を望むので、話したいことがあるようなら、まずは注意を向け、話に耳を傾け、笑顔を見せてください。安心して学習に向かうことができるでしょう。

タイプ2の子どもは、人を助けるのが好きな割にプライドが高く、問題が起きているときでも、人の助けを求められないことがあります。さりげないサポートを、必要と思われるタイミングで入れると、心強く感じます。また、このタイプは同情的ですが、同情されることは苦手です。辛《つら》いことがあったように見えるときは、同情するのではなく、話をよく聴き「そうだったの、よく最後までがまんしたね」などと気持ちをくみ取ってください。タイプ2の子どもは、自分の気持ちをすべて伝え、くみ取ってもらえたと思えたときに満足します。

## タイプ3　達成する人

柔軟性が高く、目標のために努力します。人からどう見られるかを気にする傾向にあります。

自分は価値のある人間だということを自分や周囲に示すために、物事を達成して成功することに力を注ぎます。「やればできる」と考え、自分に投資して粘《ねば》り強く努力しますが、そのための努力や苦労を人には見せません。かっこよくスマートにやりたいのです。そのようなタイプ3の物事を達成する姿や、かっこよさに多くの人が憧《あこが》れます。

たとえばデートのときのタイプ3の人は完璧です。おしゃれに気を遣い、好き嫌いより、自分に似合うか、自分がどう見られるか、相手にどう思われるかを基準に装います。選ぶ店の雰囲気もよく、また本人も愛想《あいそ》がよく、相手を立てながらさりげなくエスコートすることができます。

注目を浴びることが好きで、話題が豊富で魅力的です。

仕事においても、リーダーシップが取れて愛想もよいという、如才《じょさい》ない人物です。打算的なところがあり、自分がどう見えるかを気にかけるあまり、話を大きくし、自分を実際よりよく見せようとすることがあります。あまり慎重なタイプではなく、効率や出来栄えを重視して、正確さや緻密《ちみつ》さを犠牲にする傾向があります。

集中力があり、いざというときには「スイッチが入ったように」最高の結果を出すことができるタイプです。本質よりステータスに目を奪われる傾向があります。

◆タイプ3の親へ◆気持ちに気づかず、もっともっとと励ましていませんか？——

あなたの臨機応変な発言や行動は、子どもにとっては、基準のわかりにくいものとなることがあります。子どもは混乱し、やる気の妨《さまた》げにもなりかねません。あなたが最終的に何を求めているのかについて、充分説明するようにしてください。また、判断がブレることのないよう、判断を下す前には、きちんと価値基準に沿っているかどうか、もう一度考えるようにしましょう。

タイプ３の人は頭の回転もよく、いろいろと創造的なアイデアを思いつきます。それらのアイデアを次から次へと、アドバイスとして与えることで、子どもが圧倒されてしまうことがあります。会話とは、まず子どもに対して興味を持ち、子どもの話をよく聴き、アドバイスは求められたときだけ与えるものと考えましょう。

また、あなたが自分に「ベストな自分」であることを望むように、子どもにも同じことを求め、子どもの着るものや持ちもの、立ち居振る舞いもスマートにかっこよく、要領よくやるように求めてしまうかもしれません。それが子どもの重荷になる可能性があることに気づいてください。子どもは、あなたのファッションの一部ではありません。

## ◆タイプ3の子にはどうすればいい？

基本的にはやる気に溢《あふ》れており、自分だけではなく、他人のやる気まで引き出そうとするタイプです。目標を設定して達成することに多大なエネルギーを傾けることができますが、粘り強い一方で、コツコツと地味な作業を続けることが苦手です。飽きているようであればこまめに関わって、今までにできたことを評価し、やる気を保つ手助けをしましょう。また、やり方をコロコロと変える傾向にありますが、本人の思うようにさせてみてください。

達成したことをきちんと評価すると、やる気を出します。ただし、達成したことだけをほめると、「ほめられるためにやる」というサイクルに陥ってしまいます。達成した過程に意識を向け、何をやったから達成できたのかを評価するようにしてください。

あなたが子どもをどう思っているのかを伝え、一緒に喜ぶようにしましょう。親が、自分を大切に思っていると知ることで、タイプ3の子どもは真のやる気を出すことができます。

注意するとき、「～はダメ」と言うと、とたんにやる気を失います。できるだけ「～のほうがいい」という言い方をするように気を配りましょう。

## タイプ4　個性を求める人

美を愛して直観力に富み、自己陶酔《とうすい》的になる傾向があります。

美しく深みのあるものが好きで、音楽、文学、写真やファッションなど芸術的なものに興味を示します。個性的ではっきりとした好みを持っていて、自分のセンスに自信があり、「自分らしい」もので身の周りを固め、自分らしさを表現します。

自分は、他の人たちとは良くも悪くも違う存在だと感じる傾向にあり、自分が平凡であることに堪《た》えられません。またそのため、周囲にうまく溶け込めないという悩みを持っています。

感傷的なロマンチストで、特に辛く悲しい感情が湧《わ》き上がってくると、外の世界との交流を遮断《しゃだん》し、自分の中に引きこもって、すべて消化できるまでその感情にドップリ浸りこむ傾向にあります。他のタイプであれば目を背《そむ》けるようなマイナスの感情にも丁寧《ていねい》に取り組むため、いつも何かしら問題を抱えているような印象を与えます。

一方で気分屋でもあり、機嫌のいいときはすこぶる幸せそうです。また、自分の気持ちに正直であることは、ルールを守ることよりも大切だと考える傾向があり、お高くとまっているように見えることもありますが、実際にはとても同情的でやさしい、繊細なタイプです。

たとえば、クラス会の案内を受け取ったとき、タイプ4の人は、「2年3組の皆様へ」という宛名《あてな》を読んでも、「ふーん」としか思いません。しかし、当時、仲のよかった友人から、「ぜひ会いたいわ」と誘われると、行ってもいいかなという気を起こします。しかし、行くと返事をしても、実際に行くかどうかは当日の気分次第。当日着ていく服は、本人にとってはごく普通の格好かもしれませんが、他の人から見るとちょっと変わった、しかしとてもその人らしい、個性的な服装です。クラス会が始まると、積極的にどこかの集団に混じろうとはせず、邪魔されない場所を探し出して思い出に浸ったり、物思いにふけったりします。とはいえ、人と関わるのが決してイヤなわけではなく、好意をもって声をかけてくれた人とは、楽しくおしゃべりをしたいと思っています。

◆タイプ４の親へ◆子どもの平凡さを「つまらない」と思っていませんか？――

自分の気持ちに溺《おぼ》れてしまう傾向があります。子どもに注意するときは特に、善悪を示して導くという姿勢を保つよう心がけ、感情をぶつけることがないようにしてください。どうしても感情が先に立つようであれば、その場で深呼吸する、五つ数えるなどして、気持ちを落ち着けてから話を進めてください。

タイプ4の親は自分に正直です。自分の気持ちに正直に向き合い、葛藤《かっとう》や矛盾《むじゅん》についてもごまかすことなく受け止めることができるため、子どもの否定的な気持ちをおおらかに癒《いや》すことができます。自分の否定的な気持ちから逃げないため、子どものそれも受け止めることができるのです。

子どもと一緒に、規則正しい生活を身につけることで、激しい感情の起伏に溺れるのではなく、ゆとりのある生活ができるようになります。子育ては特別な経験です。また、すべての条件が整っていなくても、あなたらしい子育てをすることは可能です。

あなたが自分の個性を大切にするように、あなたとは異なる「子ども自身の個性」を楽しんでみてください。子どもをあるがままに理解することで、深くつながることができます。

◆タイプ4の子にはどうすればいい？

気分にムラがあるので、やるときとやらないときがあります。丁寧な仕事を好むため、急かされるとやる気をなくし、また、単純作業の繰り返しが嫌いです。やる気があるときを選んで、物事を達成する楽しさを体験させましょう。

やりたくないことはやらなくてもいいと思うような傾向がありますが、それに対して腹を立ててはいけません。興味のあることには没頭するので、得意なことをしているときに水を差さないように支え、個性を認めて達成を一緒に喜ぶようにし、物事を成《な》し遂《と》げるために必要な計画性や忍耐を育てていきましょう。

タイプ４の子はあまり活動的ではありませんが、創造的な表現活動には興味を示すことが多いので、習い事や部活動に関しては、音楽、絵画、演劇などを打診してみるといいかもしれません。

また、本人がどんな気持ちでいるときも一貫して支え、励ますようにしましょう。タイプ４の子どもは、両親に対してさえ違和感を持ち、自分一人が家族から離れているように感じることがあります。人の輪に加わらないでいる様子のときは、こちらから迎えにいきましょう。一人でいながら、気づかれることを望んでいます。

## タイプ5　調べる人

革新的で洞察力《どうさつりょく》があり、冷たい印象を与える傾向があります。好奇心が強く、興味の対象は、その人によって相対性理論からワイン、ジャズ、歴史、自動車など多岐にわたります。深い技術や知識を求め、マニアックであることに誇りを持っています。

また、気になることがあれば、とことん調べます。理屈で納得しないと動き出すことができないため、瞬発力はありません。また倹約家であることが多く、食べるものや着るものにあまり執着《しゅうちゃく》しません。

広い視野で物事の本質を見抜く能力を備えている一方で、つい自分にとってなじみのある理屈で物事をこじつけて、無理な解釈を行う傾向があり、周囲の人からは変人と思われることがあります。

冷静沈着な態度と簡潔な物言いから、冷たくて孤立した人という印象を与えることもあります。たとえば、PTAの話し合いの席でも、よほど完成した案がないかぎり、タイプ5が自分から考えを披露することはありません。ジッと黙って、一歩退《ひ》いたところから話のゆくえを眺めていますが、決してぼんやりしているのではなく、発言の一つひとつを分析、吟味《ぎんみ》しています。

皆が盛り上がっているのに、その場の空気を読まず冷静な態度で口を挟《はさ》んだりして、「あの人、ちょっと変わっているわ」と思われることがあります。

◆タイプ5の親へ◆言葉やスキンシップで、愛を伝えていますか？――

あなたが子どもを理解するだけではなく、子どももあなたを理解する必要があります。あなたは情緒的なつながりをあまり重視していません。ところが子どもにとってそれは、生きていく上でとても重要なものです。あなたにとっては過剰と思うほどの愛情表現が、子どもにはちょうどいいくらいなのです。普段から他愛のないおしゃべりをしたり一緒に散歩をしたり、お料理を一緒につくったりする時間を楽しむように心がけてください。

あなたは、自分で考えて自分で結論を出したいと思う傾向があります。あなたが独自に出した結論を子どもに納得してもらうためには、考え方やプロセスを丁寧に伝えることが大切です。説明不足になる傾向があるので、一から十までひとつずつ、子どもにわかるよう意識して話しましょう。

事実であれば何を言ってもいいと考えがちです。事実を指摘する前に、子どもにとって受け取りやすい言い回しを考えてみましょう。どんな言い方をされれば突き放されたように感じないか。子どもが言われたことを消化して今後に活かすためには、あなたの工夫が重要です。

## ◆タイプ5の子にはどうすればいい？

専門的な知識を吸収することが大好きで、ある分野に関して、難しいことを調べたがります。一方で、興味のある分野に熱中するあまり、他の課題をおろそかにする傾向もあります。やらなければならないこととは別に、興味のあることについて自由に調べ、考えられる時間を確保してあげましょう。

地味な仕事も好きで計画性があるので、「宿題どころではない」ということはあっても、「イヤだから宿題をやらない」ということはあまりないタイプです。また、興味が集中してしまいがちなので、新しい分野に出会えるように、さまざまな種類の知識に触れる機会を設けましょう。自由にさまざまなものに触れる環境にすることが、子どものやる気を育てます。

知識が豊富なため、年齢よりマセていると感じるかもしれません。興味のあることを質問してきたら、「そんなことを知らなくてもいいの」と、適当にあしらわず、年齢に合わせて率直に話すのがいいでしょう。

多くを期待され、干渉《かんしょう》されるのを嫌うため、細かく口出しされると、やる気を失います。求める結果を共有したら、過程は本人に任せましょう。ただし、よく脱線して違うことを始めるので、時々は様子をチェックしたほうがよいでしょう。

自分の考えに自信があるために頑固になることがあります。本人の考えを認めた上で他の考え方や可能性を示唆《しさ》し、アイデアを引き出すようにしましょう。

## タイプ6　信頼を求める人

責任感があって誠実、防衛的な傾向があります。まじめで人に気を遣い、相手に合わせます。調和と団結を重んじ、自分の帰属する家庭や会社などの組織に忠実で、献身的に尽くします。丁寧で心のこもった仕事をします。ルールや前例をもとに判断し、あまり型破りなことはしません。

心配性なタイプです。「○○になったらどうしよう」「○○のせいで△△なのではないか」「○○したほうがよかったのではないか」と不安が尽きることなく、頭がいっぱいになることがよくあります。そのため、あらゆるリスクを察知して対応策を立てる能力に長《た》けています。組織においては優秀なトラブルシューターです。

たとえばハイキングに行く準備をするとき、まず、雨の心配をして傘《かさ》を持ちます。小さなケガに備えて絆創膏《ばんそうこう》も持ち、おやつも多めに持ちます。もしかしたら誰かが缶詰を持ってきて、しかも缶切りを忘れるのではないかとまで考え、缶切りまで持つかもしれません。そのため、他の人より荷物が多くなります。待ち合わせの時間が不安になると、一緒に行く相手に確認します。しかし、何度電話をかけても相手が出ないようだと、ハイキングに行きたくないのではないか、自分が嫌われたのではないか、もしかして何か事故に遭《あ》ったのではないかなどと、不安が次から次に出てきて、頭がいっぱいになります。

一方で、不安のあまり、疑ったり信じたり、慎重になったり大胆《だいたん》になったりと、相反する行動の間を繰り返し揺れ動くため、周囲からは次の行動の予測ができません。本人もその状態が不安であるため安定志向であり、頼りになるものを求めています。

### ◆タイプ6の親へ◆子どものことを心配しすぎていませんか？

石橋をたたいて壊す傾向があります。不安に駆られて、子どもの可能性の芽を摘《つ》んでしまわないよう、気をつけてください。リスクだけに目を向けず、それによって得られるものについても、子どもと一緒に考えてみましょう。

失敗しても得るものがあるのであれば、挑戦するのは悪いことではありません。また、今まで心配したことのうち、どれだけが取り越し苦労だったかを考えると、現実がそれほど恐ろしいものではないことがわかります。

子育てに困ったときには、すぐアドバイスを求めるのではなく、誰かに自分の話を聴いてもらって、まず、気持ちを整理しましょう。そして、「さあ、今、何をしたらいいのかな？」と自分と相談するようにしてみましょう。落ち着いて自分を信じる気持ちを思い出せれば、困った状態にどう対応すればいいかを考えることができます。

◆タイプ6の子にはどうすればいい？

目標がはっきりしていれば、自分で段取りよく物事を進めることができます。要領もよく、こまめで勤勉ですが、一人でやり続けていると、これでいいのかなと不安になります。定期的に励ますようにしましょう。感情的になることがあれば、徹底的に話を聴いて発散させるのがよいでしょう。

タイプ6の子は不安が多いために話が長く、堂々巡りになりがちで、つい「それで結局どうしたいの？」と先を急がせてしまいます。しかし、本人にもどうしたいのかわかっていないことが多いため、この問いかけはプレッシャーにしかなりません。

「何を恐れているのか」「何を避けたいのか」を具体的に問うことで、本人の考えを整理させ、気持ちを落ち着ける助けになります。そうすることで、本来のまじめなやる気が戻ってきます。「大丈夫だよ」と言うときには、できるかぎり大丈夫である根拠や、大丈夫であった実例を添え、何かあっても自分がついているということを伝えましょう。

頻繁にコミュニケーションを取ることで、安心感を与えられます。また、パニックに陥ると、何がなんだかわからないまま反射的に嘘《うそ》をつくことがありますが、嘘を責めてもパニックがひどくなるだけです。嘘かどうかは脇において、一緒に現状を確認することから始めましょう。

## タイプ7 熱中する人

元気で、絶えず何かをしており、衝動的な傾向があります。楽しむことが大好きです。それも、ひとつのことにドップリ没頭するだけではなく、あれもこれも楽しみたいと感じます。選択肢が多ければ多いほど幸せで、あらゆる「楽しそうなこと」が魅力的に感じられ、どれかを選んで他を切り捨てるということができません。結局、次から次に手をつけ、そのすべてに熱中し、たくさんのことを同時にこなします。

特に新しいことが好きです。そのため話題や関心は多岐にわたり、浅いけれども途方もなく広い知識を持っています。頭の回転が速く、並外れて物覚えがいいのも特徴のひとつです。彼らは自由であることを求めます。楽観的で、人生はどうにかなると思っています。リスクを恐れず、環境の変化にもすばやく適応します。

たとえば立食パーティーの場にいるとき、タイプ７の人はとても忙しくなります。あらゆる「楽しそうなこと」が魅力的に感じられ、何にでも首を突っ込みます。元気はつらつとしていて底抜けに明るく、精力的に会場を歩き回り、あちらでステーキを味見して、取引先の週末のゴルフに加えてもらう約束をし、寿司《すし》があるのでつまみ、後輩の友だちを紹介してもらい、ケーキは三種類食べて、こっそり携帯のメールをチェックし、上司のペットの犬の話に首を突っ込み、ワインを飲みながら同僚と最近見た映画を批評したついでに別の映画を見に行く約束をして、から揚《あ》げとソーセージもつまんで、他の取引先と経済情勢について語ります。

関心や知識は広く、驚くほど何の話にでもついていけますが、人生の暗い側面に触れる話題になると急にしゃべる気がなくなります。行き過ぎるほどの明るさや快活さは、自分の中のマイナスの感情に触れたくないという現実逃避でもあるからです。

◆タイプ7の親へ◆子どものペースに沿って物事を進めていますか？――

あなたの子どもは、あなたほどはっきりと自己主張できないかもしれません。また、あなたほど新しいことや冒険に、心惹《こころひ》かれることはないかもしれません。あなたほど物事をテキパキと片づけられないかもしれません。あなたの中に生まれるイライラを受け止めて、子どもの性質を見極め、子どものペースに合わせて丁寧に接するようにしましょう。

子どもが、辛いことや苦しいことをあなたに打ち明けるとき、つい目をそらしてしまう傾向があります。辛い話を聞きたくないので、気休めを言ったり檄《げき》を飛ばしたり、話を終わらせようとしたりするかもしれません。子どもが話しているときには水を差さず、最後までよく聴きましょう。

あなたは人の輪の中心となることが多いため、主役になるだけではなく、場の話を進行させる司会者としての才能もあります。その才能を活かして、子どもの気持ちを受け取り、いろいろなことを話させることで、自然と肯定的な方向へと結びつけていくこともできるのです。

### ◆タイプ7の子にはどうすればいい？

企画力があり、新しいことに挑戦するのが大好きですが、熱しやすく冷めやすい傾向にあります。単純作業の繰り返しや緻密な課題は苦手です。時間を区切り、目先を変えて、少しずついろいろなことをさせると飽きにくいようです。詰めが甘いことがあるので、最後まで終えたのか、ヌケはないかチェックし、指摘する必要があります。

タイプ7の子は目移りしがちで、どれも中途半端になる傾向にあります。小さなことでも、自主性を尊重し、計画し、最後までやり遂げ、達成感を味わう経験をさせましょう。そのためには何かを始めたら、時々、様子を見てフォローするといいでしょう。「もうちょっとででき上がるから、一緒にやろうか」と、完成や完了までペースメーキングをしてつき合うことも必要でしょう。

また、何か面白いことを思いつくが早いか口にしますが、「そんなこと、できるわけないでしょ」と否定せず、やる気を維持できるように努めましょう。

頭と身体の連動が素晴らしく、手先が器用な子も多いようです。ピアノ、習字、工作、手芸など、何かひとつ夢中になれるものを見つけて、飽きない工夫ができれば、落ち着いて物事に取り組めるでしょう。さまざまなことにチャレンジさせながら、続けられそうなものを見つけられるといいでしょう。作品ややったことが誰かにほめられたり、賞を取ったりすると、長く続くきっかけとなります。

## タイプ8　挑戦する人

自信に溢れていて決断力があり、強情な傾向があります。

挑戦を受けることを楽しむ傾向があり、存在感があります。何でも自分の思い通りにやりたいと思う一方、親分肌で、大切な人やものを守るためなら何でもしようと意気込みます。人から頼られるのは好きですが、独立心が強いため、人に頼ることはあまりありません。

器が大きくて情に厚く、太っ腹です。白黒はっきりさせたがり、率直で、直接的な表現をします。あまりの力強さに、喧嘩《けんか》っ早く乱暴だという印象を与えることもあります。弱いものを見ると、しっかりしろ！と言いたくなる反面、子どもや小動物に弱く、つい守り、かわいがってしまいます。

自分こそが正義であり、敵とみなしたものは徹底的にたたきのめしていいと思う傾向にあります。勇気があってどんどんチャレンジするものの、あまり楽観的な性格ではなく、つい最悪の事態を想定してしまいます。充分タフであるにもかかわらず、問題が発生すると、もっとタフにならなくてはと思いがちです。

たとえば人前で話すとき、その内容が何であろうと、タイプ8の人の態度は堂々としています。物怖《ものお》じすることなく、自信を持って話すその態度はエネルギーに溢れ、皆を巻き込みます。はっきりとものを言うので怖《こわ》いと感じる人がいるかもしれません。もし誰かがモゴモゴした口調で質問しようものなら、「要するに〜ですか？」と、話を途中で遮《さえぎ》ってしまうこともあります。

◆タイプ8の親へ◆子どもの煮え切らない態度にイライラしていませんか？――

気がついたら主導権を握っている傾向にあるので、意識して子どもに主導権を持たせるようにしましょう。さまざまな場面で子どもの意思を確認し、極力、子ども自身に選択させるといいでしょう。また、子どもの話をよく聴いて、子どもに「聴いてもらった」という満足感を与えられるよう努めましょう。

白黒はっきりさせたいと、子どもに「いったいどっちなの？　はっきりしなさい」と迫るかもしれません。でも、子どもの中ではグレーもありかもしれません。自分の安心のために、とにかく決着をつけようとあせるのではなく、じっくりと子どもの気持ちに耳を傾け、気持ちを受け取ってください。

子どもに何かあったとき、子どもを守りたいがために、自分が闘うんだという意識になりがちです。闘うかどうかは子どもが決めることです。親はリラックスしてゆったり構え、包容力のある裏方として子どもを支えましょう。子どもに闘うべきだとけしかける必要もありません。

子どもの弱さに触れることを恐れます。それを受け入れてしまうと自分まで弱くなってしまうような気がして、無意識に子どもを激励《げきれい》して、強い態度を取らせようとするかもしれません。それが子どもにストレスを与えることに気づいてください。

温かさややさしさを示すことが苦手ですが、子どもにとっては受け取るべき重要な要素です。「表面的なやさしさなんて役に立たない」と思わずに、温かく包んでやってください。反対に、子どもからのやさしさをあなたが感じることになるかもしれません。

◆タイプ8の子にはどうすればいい?

腑《ふ》に落ちたことであれば粘り強く、戦略的に目標に向かいます。自分がしたことの手応《てごた》えを直接感じられる課題であれば、高いやる気を維持することができます。結果をこまめにフィードバックし、どんどん挑戦させて、本人のスタイルが確立できるように手助けしましょう。

タイプ8の子はエネルギーに溢れており、相手のエネルギーにも敏感です。タイプ8の子どもに何かを伝えたいときには、事前に自分の中で何を伝えたいのかをしっかり確認し、自信を持ってはっきりと伝えましょう。こちらがドッシリ構えていることで、子どもも安心します。

人に裏切られたり、拒絶されたりしたような感覚を持ちがちです。一見強く、タフな印象の子どもですが、何かをしようと約束し、それを反故《ほご》にするようなことがあれば、他のタイプの子どもと同じに、あるいはそれ以上に傷ついている可能性があることを知っておいてください。

また、人に頼られるのが好きなので、頼りにしていることを伝えることで、喜んで手伝いをしてくれます。

基本的に弱いものにやさしく、繊細な心を持っているので、やさしさに対しては感謝の心で認め、タフだからといって粗雑な扱いをしないよう気をつけましょう。

## タイプ9　平和を求める人

受容的で人を安心させ、受動的な傾向があります。

落ち着いていて穏やかで、自信があり、のんびりした雰囲気を持っています。その全体の安定感から、人を安心させることができます。

自分のペースと居心地のよさを大切にし、トラブルに巻き込まれることを好みません。居心地のよさを追求するあまり、問題を過小評価することがあります。変化がなくても飽きるということがなく、急激で不本意な変化には、はっきりとした抵抗を見せます。

偏見《へんけん》を持たず、どのようなことでも深く受け入れる能力があり、あらゆるタイプのことを自分のことのように理解できる懐《ふところ》の深さがあります。それによってタイプ9の人は、自分がどのタイプであるかを特定するのが困難だと感じることがあります。

人の言い争いをタイプ9が仲裁しようとするとき、その態度はとても落ち着いています。片方の言い分を黙ってよく聴き、「そうだね、よくわかるよ」と言います。そしてもう一方の言い分も黙ってよく聴き、「そうだね、よくわかるよ」と言います。非常に受容性が高く、誰の言い分でもよくわかるのです。「結局どっちなんだよ！」と責め立てられても、ごく丁寧に温厚に答えるので、まるで腹を立てることがないかのように見えます。

ところが、本人にとってこれだけは譲れないというものをいくつか持っており、そこを侵害されるといきなり激怒して周りを驚かせます。また、攻撃されていると感じると、投げやりになって関わるのをやめ、問題を直視しなくなります。

◆タイプ９の親へ◆子どもに対して言うべきことを避けていませんか？――

あなたは平和でありたいがために、現実や子どもの問題から目を背けることがあるかもしれません。トラブルを避け、邪魔されずに安全で、自分にとって快適なところにとどまろうとすると、子どもの危機を見逃《みのが》し、最終的に子どもはあなたに愛されていないと感じてしまいます。

また、あなたが何かに腹を立てて、わざと沈黙したり、無視、放置したりすることは、子どもにとって非常に恐ろしいものです。そのような行動を反射的に取ることがないように気をつけましょう。

また、やってしまっていると気づいたときには、その行動に関して、できるだけ早く、素直に改め、子どもと、子どもの言っていることに興味を持っていることを示しましょう。自分の考えや感情を、折を見て子どもに伝えましょう。子どもはあなたに興味を持っています。そして、あなたに愛されたいと願っています。

あなたが本来持っている安定感と存在感は、子どもを大きく包み込む力となります。子どもの話をよく聴きましょう。それが、子どもの安心感につながります。

## ◆タイプ9の子にはどうすればいい？

本来まじめで辛抱《しんぼう》強いタイプですが、「目に見えてやる気に溢れている」という感じではありません。初めてのことにはあまり手を出しませんが、いったんペースがつかめると、自分でコツコツやるようになります。ただし、やり方を変えることは苦手で、どんなに非効率であっても慣れた方法を選びます。新しいことをやるときには、側《そば》について教える必要があるかもしれません。

「はい」と返事をしたのにやらないことがあります。先延ばしにする傾向があるので、今すぐやる気があるのかどうかは、言葉ではなく態度で見極めましょう。

また、ギリギリになってから急かしても、責められたと感じてストレスがたまるだけで、実行に移さないことがあります。物事には早め早めに手をつけるようにし、コーチとして目標の設定ややり方の詳細、優先順位などについて一緒に考え、積極的にアイデアを出すようにしましょう。

特に本人が選んだわけではない場合は、新しいことがあまり得意ではないので、最初の一歩が踏み出せるまでは、一緒にやるとよいでしょう。

セルフコーチング12

## 子どものタイプと接し方を考えてみよう

### あなたと子どものタイプは?

あなたと子どものタイプを考えてみてください。なぜそう思うのかも書き出してみてください。ただし、それで決定ということではありません。「このタイプかもしれない」ということで観察し、接し方を配慮してみてください。

(例)

私→タイプ6

訳もなく不安を感じることがある
話が長いと言われることが多い
よく「準備がいいね」と言われる
荷物が大きい

長女→タイプ7

まさにこのタイプだと思う
楽しいことが大好きだが長続きしない
物事を深刻に(真剣に?)とらえない
明るいが軽いと感じることがある

【長女への接し方】
習い事の中で、習字だけが長く続いているのでこれまで以上に認めて、長続きするようにサポートする

（例）
長男→タイプ4？
たぶんタイプ4だと思う
一人で物思いにふけることがある
時々「聴いてるの？」と言ってしまう
すねたような態度に時々困ることがある

【長男への接し方】
これまですねると面倒なので放っておいたが、今後はつき合って話を聴いてみようと思う

人によって心の働き方は違います。それを知っているのと知らないのとでは、長い時間の中で大きな差がつきます。

たとえて言うなら、携帯電話です。携帯電話は機種によって使い方が少しずつ違います。私たちは携帯を変更すると、そのつど時間をかけて使い方をマスターしていきます。自分の思い通りに操作できないからと携帯に当たり散らすことはありません。

人間も同じです。少し時間をかけて、それぞれの性格を理解することで、もっとうまくつき合うことができるようになるのです。

# おわりに

本書の企画を最初に話し合ったのが、平成二十一年の五月でした。仕事の合間《あいま》を縫《ぬ》いながらの執筆は進まず、「人のやる気をなんとかする本を書く前に、自分のやる気をなんとかしたい」と何度も冗談を言ったものです。「読む人の役に立つのだろうか?」と思うと不安になることもありました。そんな中、「読者が待っていますよ」と気長に励ましてくださったPHPエディターズ・グループの友繁貴之さんの言葉に、「そうだよね。がんばらなきゃ」と、何度も気を取り直したものです。

また、本書の完成には、資料集めや執筆の手伝いをしてくれた娘・真由子の存在が欠かせません。ハートフルコミュニケーションは娘の子育てから始まっています。その娘が成長し、執筆をサポートしてくれるというのは、感慨深いものがあります。執筆中、私の手が止まると何度も娘と話し合いました。人のやる気はどこから来るのか。娘は子どもの頃どうだったのか。どんな気持ちで勉強していたのか。どんなときにやる気になったのか。どんなときにやる気をなくしたのか。これらの会話が、私を前進させてくれたように思います。誰かが側《そば》にいてくれて、自分のやることを見守ってくれているのは、子どもにとってやる気を持続させるよい方法だと、第4章に書きましたが、それは、子どもにとってだけではなく、大人も同じだという体験をしました。

PHP研究所・文芸出版部の堀井紀公子さんは、資料探しでつまずいたとき、編集者ならではの情報を、すばやく的確に提供してくださいました。こうやってさまざまな人の気持ちに支えられながら執筆が進むのを体験し、やはり人のやる気は人の中で育つものだと、改めて痛感しています。

これまでの私の本と同様、本書にもたくさんの方々の体験を引用させていただきました。その体験を語ってくださった皆さんに感謝します。

私が本を書く動機のひとつに、「いろいろな人の体験を伝えたい」というものがあります。私には、NPOの仕事を通じてたくさんの体験が寄せられます。うまくいったことや辛《つら》かったこと、私はそれらの体験を世の中に伝えたいと思います。なぜなら、私自身がそれらの体験に感動し、新しい発見をするからです。

「こんなやり方をした人がいますよ」

「こうしたらうまくいきましたよ」

「苦労しているのは、あなただけではありませんよ」

「みんな一緒ですよ」

本書を通して、そんな思いが伝わることを祈っています。

そして、本書を手にしてくださったあなたに、心からの「ありがとう」をお伝えします。子育てにつまずいたり、思春期のお子さんの対応に困ってこの本を手になさったのかもしれません。でも、安心してください。子どものやる気を考え、よりよい接し方を学ぼうとしてくださるその姿勢は、きっとお子さんに伝わります。

子育てをしている今、あなたはその経験から多くを学び、輝いています。お子さんに対するご自分の思いを信じて、ぜひ子育てを楽しんでください。

菅原裕子

平成二十二年五月

# 文庫化にあたって

　英語教育が小学校から始まりました。英語だけではなく、幼いうちから多様な文化に触れることはいいことです。文部科学省の狙《ねら》いは、初等教育の段階からグローバル化に対応した教育を充実することで、世界の中で戦える人材を育成することのようです。この方針に問題はありません。問題があるとしたら、それは、ますます過熱する早期教育です。「英語耳を作ろう」と、外国語を覚える臨界期が話題になっているようです。

　子どもの早期教育で重要なこと、それは親に対する早期教育であると私は思います。子どもの教育に夢中になる前に、ちょっと立ち止まって、子どものやる気の基本を学んでみたいと思います。

この度、この時期に『子どもの「やる気」のコーチング』が文庫化されることになり、改めて私共のメッセージがまた皆様の手元に届くことを大変うれしく思います。

どんな教育も同じですが、教育を受け取る側の準備を整えて、適切に行うことを提案します。それによって、教育を受ける側のやる気をうまく育てることができるからです。

私は子どもにスポーツを教えるプロのコーチたちに、子どもへのコーチングに関して講義をすることがあります。面白いことに、彼女たちが学びたいことの上位のひとつが親への対応です。子どもより親の方が熱心で、見るからにそれが子どものやる気をそいでいるケースがよくあるようです。

『子どもの心のコーチング』を読んだという、あるお母さんから相談を受けました。息子が嫌がってプリントをやらないと言います。息子自身が興味をもってやり始めたプリントでしたが、あるときからやるのを嫌がるようになりました。どうしたら楽しんでやらせることができるのかという相談です。

どの親も、子どもにとってよかれと思い、習い事を勧《すす》めたり、勉強させようとします。ところがやり方を間違えると、かえって子どものやる気を奪い、練習嫌い、勉強嫌いを育ててしまいます。そして、最終的には伸びるはずの才能を閉ざしてしまうことになります。よかれと思ってやっていることが、かえって子どもの足かせになってしまうのです。

あるお母さんのひと言が忘れられません。「勉強を嫌がる子どもにいろいろやったけれど何もうまくいかない。結局うちの子どもは勉強に向いていないのですね」。生まれつき勉強に向かない子も、生まれついての勉強嫌いもこの世にはいません。親が、あるいは教師が作ってしまうのです。

学習は、机の上や塾だけでするものではありません。日常の生活の中に、親との触れ合いの中に、学習への基本姿勢を学ぶ要素がたくさんあります。それらの要素をないがしろにせず、子どもとの生活を大切にすることが、自ら勉強に向かう子どもを育てる第一歩です。それこそが早期教育です。言語を学ぶ臨界期を気にするのであれば、親が愛情あふれる正しい日本語で子どもに話しかけることこそが、言語の早期教育です。是非お子さんとの間に、強い信頼関係を作ってください。親との信頼関係を土台に、子どもはやる気を育てます。

お子さんがもう大きくなってしまったという方、もう遅いなどと思わないでください。講演などに伺うと、こんなことを言う親が結構たくさんいます。

「うちの子どもはもう中学生。勉強はまったくしようとしません。お話を聞いていて、私はずっと、やってはいけないことをやってきたことがわかりました。子どもの勉強嫌いは私が作ったのですね。今頃気づいてももう遅いでしょうか」

親は今気づきました。よかったです。気づけば親の子どもに対する態度は変わり、そうすれば子どもの行動も変わります。今、まったく勉強しようとしない子どもにいくら勉強しろと言ってもやる気にはなりません。まず、うるさく言うのをやめましょう。そして子どもに言ってください。

「これまでうるさく言って申し訳なかった。それがあなたのやる気を奪っていることすら知らなかった私を許してほしい。これからは、うるさく言わないように努力して見守ります。ひとつだけ知ってほしいのは、私は常にあなたによりよい人生を願っているということ。そのために私にできることがあれば何でも手伝います。あなたが声をかけてくれるのを私は待っています」

そして、見守ることです。言わないと言ったら本当に、不要な口出しは差し控えることです。親の期待や心配で子どもを押しつぶさないことです。子どもにやる気を出して練習や勉強に取り組むことを求めるなら、私たち親もやる気を出して、口出しを我慢して見守ることをしたいと思います。子どもを育てるときは、私たち親が人として成長するとき。子どもの肩を借りて、彼らと一緒に成長したいと思います。

平成二十六年七月

菅原裕子

## 【参考図書等】

『子どもの「自己」の発達』柏木惠子（東京大学出版会）
『教室の動機づけの理論と実践』新井邦二郎：編著（金子書房）
『精神科医の子育て論』服部祥子（新潮選書）
『江戸の子育て十カ条 善悪は四歳から教えなさい』小泉吉永（柏書房）
『学ぶ意欲の心理学』市川伸一（PHP新書）
「チーム平井練習日記」http://gold.ap.teacup.com/nori0531/（現在は停止）
『学習意欲の心理学 自ら学ぶ子どもを育てる』桜井茂男（誠信書房）
『天才は親が作る』吉井妙子（文春文庫）
『エニアグラム あなたを知る9つのタイプ【基礎編】』ドン・リチャード・リソ&ラス・ハドソン：著／高岡よし子・ティム・マクリーン：訳（角川書店）
『エニアグラム 自分のことがわかる本』ティム・マクリーン&高岡よし子（マガジンハウス）
『希望の力 くじけない、あきらめない心』フジコ・ヘミング（PHP研究所）
『フジ子・ヘミング運命の力』フジ子・ヘミング（阪急コミュニケーションズ）

『子どもの心のコーチング』菅原裕子（PHP文庫）
『思春期の子どもの心のコーチング』菅原裕子（二見書房）
『自分と子どもがよくわかる本　エニアグラムで幸せ子育て』（二見書房）

著者紹介
**菅原裕子**（すがはら　ゆうこ）
NPO法人ハートフルコミュニケーション代表理事。有限会社ワイズコミュニケーション代表取締役。
1999年、有限会社ワイズコミュニケーションを設立し、社員一人ひとりの能力を開発することで、組織の変化対応力を高めるコンサルティングを行う。仕事の現場で学んだ「育成」に関する考えを子育てに応用し、子どもが自分らしく生きることを援助したい大人のためのプログラム〈ハートフルコミュニケーション〉を開発。2006年、NPO法人ハートフルコミュニケーションを設立し、各地の学校やPTA、地方自治体主催の講演会やワークショップでこのプログラムを実施し、好評を得る。また、ハートフルコーチ養成講座を開設しコーチの育成に力を注ぐ。
主な著書に、『子どもの心のコーチング』『10代の子どもの心のコーチング』『思いを「伝える」技術』『お父さんだからできる子どもの心のコーチング』（以上、PHP文庫）、『子どもを幸せに導くしつけのコーチング』（PHP研究所）、『コーチングの技術』（講談社現代新書）などがある。
NPO法人ハートフルコミュニケーション：http://www.heartful-com.org/

執筆アシスタント：島崎真由子

本書は、2010年７月にPHP研究所より刊行された作品を、加筆・修正・再編集して文庫化したものである。

ＰＨＰ文庫　子どもの「やる気」のコーチング
“自分から学習する子”に変わる方法

2014年８月19日　第１版第１刷

著者　菅原裕子
発行者　小林成彦
発行所　株式会社ＰＨＰ研究所
東京本部　〒102-8331　千代田区一番町21
文庫出版部　☎03-3239-6259（編集）
普及一部　☎03-3239-6233（販売）
京都本部　〒601-8411　京都市南区西九条北ノ内町11
PHP INTERFACE　http://www.php.co.jp/
組版　朝日メディアインターナショナル株式会社
印刷所
製本所　図書印刷株式会社


ISBN978-4-569-76214-2

PHP文庫好評既刊

子どもの心のコーチング
一人で考え、一人でできる子の育て方
菅原裕子 著

問題点を引き出し、自ら解決させ成長を促すコーチング。その手法を「子育て」に応用し、未来志向の子どもを育てる、魔法の問い掛け術。

定価：本体552円（税別）

10代の子どもの心のコーチング
思春期の子をもつ親がすべきこと
菅原裕子 著

不安定で悩み多き10代の子どもを愛し、ありのままを受け止め、サポートし、自立と巣立ちのためのコーチとして親ができることとは？

定価：本体552円（税別）

お父さんだからできる子どもの心のコーチング
菅原裕子 著

父親が子育てに関わると子どもが変わる！「成長段階別・お父さんにできること」など、父親だからこそできる子育てのヒントが満載！

定価：本体552円（税別）